Hardware y Sistemas Operativos

Guía Práctica para Adquirir Habilidades Laborales en Tecnología de la Información

Bolakale Aremu

Hardware y Sistemas Operativos

Guía Práctica para Adquirir Habilidades Laborales en Tecnología de la Información

AB Publisher LLC

ISBN: 978-978-691-019-2

Publicado en los Estados Unidos

Límite de responsabilidad / Renuncia de garantía

Tabla de Contenido

Cómo Este Libro Puede Ayudarte

Este no es simplemente otro libro sobre hardware y sistemas operativos. Es una guía intensiva y práctica que se actualiza de manera regular para mantenerse al día con las últimas tecnologías de herramientas de hardware y software. Es un libro de autoaprendizaje, excelente tanto para principiantes como para expertos con experiencia.

Esta guía te ayudará a iniciar una nueva y gratificante carrera en tecnología. Te preparará con habilidades laborales valoradas por los empleadores en tan solo dos meses, o incluso antes. No necesitas un título universitario ni experiencia previa para comprender el contenido de este libro.

Ya sea que te estés capacitando para convertirte en Especialista de Soporte Técnico de Escritorio, Especialista en Soporte de TI, Agente de Servicio al Cliente Virtual, Representante de Soporte Técnico, o si simplemente deseas aprender los fundamentos de cómo trabajar con y administrar los sistemas de TI más recientes, necesitas una base sólida en competencias de TI.

A medida que avances en este libro, también serás evaluado sobre los materiales que cubrimos siguiendo las mejores prácticas. Aunque este curso es de autoaprendizaje, te recomiendo encarecidamente completarlo en no más de 6 semanas. Por ejemplo, si puedes completar un módulo cada semana, terminarás el curso en 6 semanas.

Se incluyen cuestionarios de práctica y sus respuestas al final de la mayoría de los capítulos para ayudarte a evaluarte y comprobar cuánto has mejorado. En el Capítulo 8 encontrarás el enlace a la carpeta de recursos del curso. Una vez abras el enlace, podrás descargar las pruebas de evaluación con sus soluciones (para tu repaso rápido).

1. Introducción

Si estás listo para entrar en el fascinante mundo de la TI (Tecnología de la Información), necesitas habilidades prácticas y orientadas al trabajo. Mi libro te ayudará a desarrollar las competencias que necesitas para trabajar con hardware de computadoras y sistemas operativos. Este es tu primer paso para prepararte en todo tipo de carreras relacionadas con la tecnología que requieren conocimientos fundamentales en TI.

Primero, aprenderás sobre el "cerebro" esencial de software de una computadora (el sistema operativo que utilizas al explorar Microsoft Windows). Después, descubrirás los principales componentes internos de hardware de una computadora, incluyendo los elementos de la tarjeta madre, la CPU (unidad central de procesamiento), la memoria, los discos duros, las ranuras de expansión y mucho más.

Te ayudaré a adquirir destrezas para identificar las distintas conexiones de hardware, lo que incluye categorías de puertos, periféricos adicionales como el ratón, y otros componentes físicos. Te enseñaré lo esencial sobre la configuración básica de una estación de trabajo, los ajustes más comunes de un sistema operativo, comandos de captura de pantalla y las mejores prácticas de resolución de problemas que son esenciales para el trabajo.

Mientras aprendes sobre sistemas operativos como Windows, descubrirás lo básico de la gestión de archivos y carpetas, cómo evaluar el rendimiento del hardware y explorarás el BIOS (Sistema Básico de Entrada/Salida). También aprenderás sobre impresoras, escáneres, dispositivos de entrada y apuntadores, así como discos duros. Comprenderás cómo funcionan las unidades ópticas, el almacenamiento externo, los dispositivos de visualización, y los equipos de audio y video.

Podrás identificar puertos y conectores, dispositivos gráficos y conectores de audio. También aprenderás la diferencia entre conexiones alámbricas e inalámbricas, conexiones de periféricos e impresoras, y tipos de instalación.

Además, aprenderás cómo gestionar la información que procesa una computadora, el almacenamiento interno, las tarjetas de video frente a las tarjetas de sonido y las tarjetas de interfaz de red. También explorarás cómo se pueden enfriar los sistemas.

Ahora bien, ¿estás listo para combinar tus conocimientos de hardware y sistemas operativos para configurar y solucionar fallas en sistemas informáticos? Si tu respuesta es sí, avanza a la primera sección y ¡empieza a tomar notas!

1.1. Organización de Esta Guía

Esta guía está dividida en cinco módulos:

- Fundamentos de Sistemas Operativos
- Dispositivos y Periféricos de Computación
- Interfaces y Conectores
- Componentes Internos de la Computadora
- Introducción a una Estación de Trabajo y al Sistema Operativo

Para completar esta guía con éxito, deberías estar familiarizado con:

- Habilidades básicas de operación de computadoras
- Conocimientos básicos de la terminología informática
- Sistema Operativo Microsoft Windows

Después de completar esta guía, serás capaz de:

- Explicar los fundamentos de los sistemas operativos.
- Reconocer componentes y dispositivos de hardware.
- Identificar interfaces y periféricos.

2. Fundamentos de los Sistemas Operativos

¿Sabías que las computadoras han existido durante siglos? Algunas de las primeras "computadoras" incluyen una calculadora de piedra utilizada en la antigua Grecia para rastrear eclipses solares y lunares, los telares de Jacquard de 1803 que usaban tecnología de tarjetas perforadas, e incluso una calculadora manual de 20 dígitos inventada a principios del siglo XIX.

Pero vamos a avanzar rápidamente hacia la computación de los siglos XX y XXI para brindarte una introducción sencilla e informativa a los fundamentos de la computación y los sistemas operativos. Cuando completes este módulo, serás capaz de clasificar los dispositivos de computación según su tamaño y uso.

Adquirirás conocimientos sobre la historia de los sistemas operativos, la instalación de sistemas operativos y sus componentes. Explorarás los sistemas de notación (numéricos) que se utilizan para procesar contenido, almacenar datos y mostrar texto en pantalla, direcciones de hardware, colores de sitios web, direcciones web y más. También descubrirás dos maneras sencillas de recordar los métodos de conversión de notación.

Concluirás este módulo con conocimientos prácticos que utilizarás al momento de evaluar el rendimiento de la computación y el almacenamiento.

2.1. Objetivos de Aprendizaje

- Identificar y clasificar las computadoras por tamaño y uso, y describir sus beneficios.
- Enumerar las cuatro funciones de la computación.
- Describir qué hacen los sistemas operativos, explorar su historia e identificar a los cuatro principales proveedores de sistemas operativos actuales.

- Instalar y configurar un sistema operativo Windows 10 y describir sus características de servicio, disco, memoria, archivos, carpetas, administración, opciones de seguridad y opciones de comunicación.
- Categorizar los dispositivos de computación e identificar las plataformas de sistemas operativos asociadas a estos dispositivos.
- Aprender cómo las computadoras utilizan los sistemas de notación y cómo convertir valores entre diferentes sistemas de notación.
- Descubrir cómo las computadoras utilizan los dos tipos de caracteres más ampliamente usados: ASCII y Unicode.
- Identificar cuatro criterios críticos de rendimiento de la unidad central de procesamiento (CPU); evaluar y diagnosticar el rendimiento de la memoria de acceso aleatorio (RAM); evaluar la capacidad de almacenamiento de una computadora; y establecer, evaluar y solucionar problemas de conectividad de red.

2.2. Introducción a los Fundamentos de la Computación

Una computadora es un dispositivo o sistema que incluye:

1. Hardware
2. Software de sistema operativo
3. Software de aplicación, y
4. Dispositivos periféricos.

El **hardware** es la plataforma que procesa datos basándose en las instrucciones proporcionadas y almacena la información.

El **software** incluye el sistema operativo, que habilita y configura las capacidades del hardware, y el software de aplicación, que permite que la computadora realice tareas.

Los **dispositivos periféricos**, como teclados y monitores, permiten la entrada y salida de datos por parte del usuario.

Los **usuarios** son quienes proporcionan las instrucciones.

La primera forma de clasificar las computadoras es por su **tamaño y velocidad**:

- **Supercomputadoras**: Son las más rápidas y se utilizan para los cálculos matemáticos y analíticos más complejos.
- **Computadoras mainframe**: Funcionan "a la velocidad de los negocios" y se utilizan para realizar transacciones y más.
- **Minicomputadoras**: Siguen en tamaño y velocidad; permiten que más de una persona acceda a los mismos datos.
- **Microcomputadoras**: Finalmente, las más pequeñas; incluyen computadoras personales, laptops, teléfonos inteligentes y otros dispositivos de un solo usuario.

La segunda forma de clasificar las computadoras es por su **uso**:

- **Computadoras de propósito general**: Realizan funciones como crear documentos, guardar archivos, videoconferencias, trabajo en línea, análisis financiero, analítica de datos, programación y otras capacidades multifuncionales. Incluso los teléfonos inteligentes pueden considerarse computadoras de propósito general.
- **Computadoras de propósito específico**: Realizan funciones limitadas y definidas. Incluyen dispositivos IoT (Internet de las Cosas), como sensores que informan la calidad del agua, luces que se activan durante la ocupación, sensores que reportan la ocupación de edificios y dispositivos IoT que monitorean procesos de manufactura.

Otros tipos de computadoras incluyen: electrodomésticos con Wi-Fi, estaciones meteorológicas, sistemas de alarma y consolas de videojuegos, tanto alámbricas como inalámbricas.

2.3. Tareas que Realizan las Computadoras

Las computadoras realizan muchas tareas, pero podemos simplificarlas y clasificarlas en **cuatro funciones fáciles de recordar**:

1. Entrada
2. Procesamiento
3. Salida y
4. Almacenamiento

Vamos a aprender más.

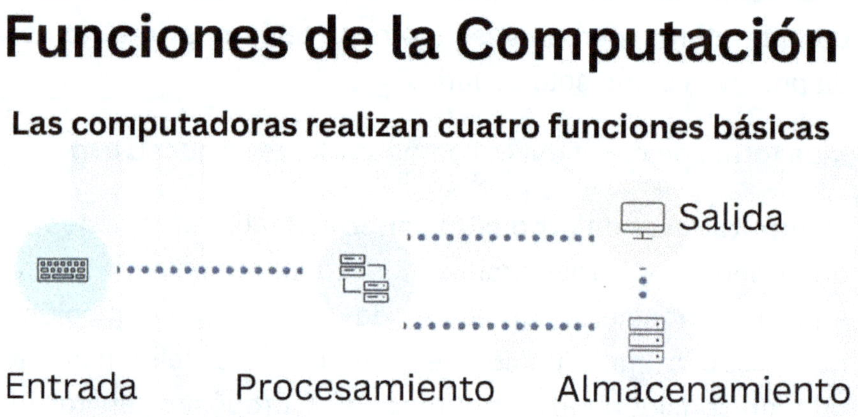

Figura 2.1: Cuatro tareas que realiza una computadora

La entrada es la función o acción de introducir datos en la computadora. La entrada ocurre cuando escribes o presionas en un teclado, usas una pantalla táctil o das una orden de voz a texto. Hacer clic en el botón *Enviar* de un correo electrónico también es entrada. La entrada también incluye la información e instrucciones que un programador proporciona para realizar cálculos utilizando un conjunto de programas.

A continuación, **el procesamiento ocurre cuando la computadora recibe la**

entrada y convierte esos datos en un formato o acción que el usuario pueda reconocer y utilizar. Ejemplos incluyen descargar una aplicación, documento o fotografía, y mover datos de una unidad a otra.

El procesamiento también ocurre cuando la computadora ejecuta instrucciones de programación, como cálculos de datos, o incluso instrucciones para volar un cohete hasta la estratósfera y regresar. Técnicamente, el procesamiento ocurre cuando los datos en bruto se transforman en formatos utilizables como correos electrónicos, documentos y fotografías.

Los procesadores, también llamados unidades centrales de procesamiento o CPU, están ubicados dentro de las computadoras en una tarjeta del sistema, también llamada tarjeta madre. Esta tarjeta y su procesador normalmente se encuentran en el centro de los dispositivos.

Después, la computadora entrega los resultados procesados a los dispositivos de salida predeterminados o configurados. Estos incluyen monitores, bocinas y impresoras. **La salida significa lo que ves, escuchas o comprendes, y es lo que hace que los datos sean evidentes y valiosos.**

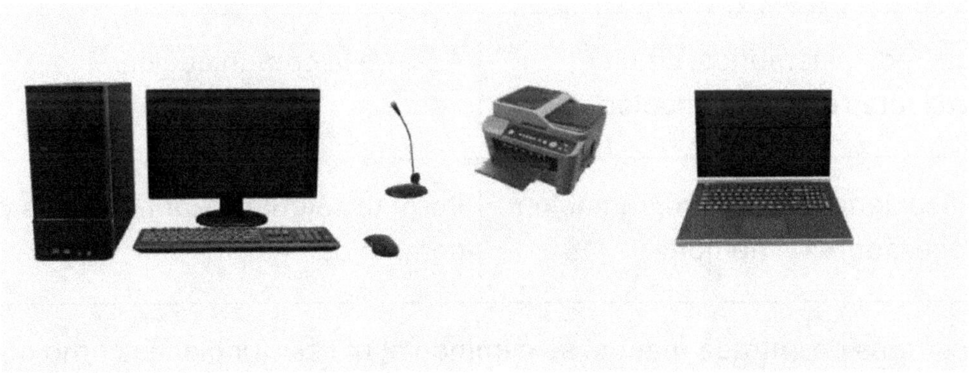

Figura 2.2: Una computadora de escritorio y una computadora portátil con sus dispositivos de salida

Al mismo tiempo, o justo después de que la función de procesamiento se completa, y mientras ocurre la salida, las computadoras pueden usar la función de almacenamiento. El almacenamiento es la acción de guardar datos en el espacio de disco de tu computadora, en un disco duro externo o en almacenamiento de red o en la nube por un tiempo indefinido o no especificado, a menos que indiques explícitamente una fecha de expiración de los datos o elimines los datos. El almacenamiento guarda los datos para volver a usarlos.

El almacenamiento de servidores, ordenadores de escritorio y portátiles generalmente se encuentra dentro y a un lado de la carcasa. En teléfonos, dispositivos IoT y consolas de videojuegos, el almacenamiento suele estar soldado a la placa del sistema.

¿Cuáles son las ventajas de usar ordenadores?

2.4. Beneficios de la Computación

Capacidad	**Beneficio**
Reutilizar contenido	Ayuda a eliminar errores manuales
Usar red, inalámbrica, celular y otras rutas de comunicación	Acelera la comunicación
Aplicar lenguajes de programación, procesadores y memoria	Permite cálculos exponenciales y complejos

Los errores de entrada manual se eliminan al utilizar funciones como copiar y pegar, así como la duplicación de datos para reutilizar información o contenido. La comunicación se acelera mediante el uso de tecnologías de red, inalámbricas, celulares y otras formas de comunicación.

Los cálculos exponenciales y complejos, como los utilizados en la investigación médica, la ingeniería civil y la exploración espacial, son posibles gracias a los procesadores, la memoria y los lenguajes de programación.

Capacidad	**Beneficio**
Guardar datos y documentos en el almacenamiento	Ahorra espacio
Guardar imágenes digitales de forma perpetua	Proporciona acceso más duradero
Editar documentos, hojas de cálculo y otros	Elimina la monotonía de tareas redundantes

Las computadoras permiten guardar documentos y datos en discos de almacenamiento, eliminando el espacio adicional necesario para pilas de papel.
Las empresas prosperan gracias al almacenamiento digital de datos. Ya sean imágenes médicas, reclamaciones de seguros de automóviles, registros de investigación o fotos familiares, guardar imágenes digitales brinda un acceso duradero y prolongado a esa información.

Por último, las funciones de edición eliminan la tediosa y lenta tarea de borrar y reescribir el trabajo de forma manual.

2.5. Introducción al Sistema Operativo

Después de estudiar esta sección, usted será capaz de:

1. Describir el propósito y las funciones de un sistema operativo (explicar

las funciones que gestionan los sistemas operativos).
2. Clasificar los tipos de sistemas operativos.
3. Describir las generaciones de sistemas operativos.
4. Describir la historia de 4 sistemas operativos modernos (Linux, Windows, macOS y ChromeOS).

Los sistemas operativos proporcionan un código base estandarizado para la gestión de la entrada, salida, procesamiento y almacenamiento. Estos esfuerzos ayudan a mantener los datos libres de errores y a reducir la pérdida de información.
Un sistema operativo puede tener más de un entorno.

El primer entorno, la **interfaz de línea de comandos** (o *CLI*), es un entorno en el que el usuario puede escribir comandos.

Figura 2.3: C:> → (indicador de línea de comandos en MS-DOS/Windows)

El segundo entorno se conoce como interfaz gráfica de usuario (GUI) o shell gráfico. Véase la Figura 2.4.

Figura 2.4: La Interfaz Gráfica de Usuario – GUI

Estos entornos proporcionan menús, enlaces, botones y campos que ayudan a los usuarios a gestionar el sistema operativo. La historia agrupa los sistemas operativos en cuatro generaciones.

La primera generación de sistemas operativos abarcó de 1945 a 1955. La segunda generación siguió de 1955 a 1965. La tercera generación duró 15 años, de 1965 a 1980. En 1980 comenzó la cuarta y actual generación.

Durante la primera generación de la computación moderna (de 1945 a 1955), aún no existían sistemas operativos que funcionaran en múltiples computadoras. Los parámetros de cada computadora se creaban de forma única para cada trabajo o tarea, utilizando lenguaje de máquina. Sin embargo, parte del código desarrollado en esta época se convirtió en la base de los futuros sistemas operativos.

Durante la segunda generación de sistemas operativos, las computadoras centrales (*mainframes*) se hicieron disponibles para uso comercial y científico. Las unidades de cinta magnética, una invención relativamente nueva, proporcionaban almacenamiento de entrada y salida.

En 1956, **General Motors Research** produjo el primer sistema operativo por lotes de flujo único, notablemente para su sistema de cómputo IBM 704. Posteriormente, IBM se convirtió en la primera empresa en crear sistemas operativos que acompañaban a las computadoras.

Los sistemas operativos empotrados, desarrollados a principios de la década de 1960 y aún en uso, se enfocan en una sola tarea, ofreciendo tiempos de respuesta instantáneos, también conocidos como baja latencia. En caso de un error del sistema, estos sistemas operativos pueden reiniciarse en el punto exacto donde la tarea necesita reanudarse.

Los sistemas operativos en tiempo real son un tipo de sistema operativo empotrado. Los aviones, los sistemas de control del tráfico aéreo y la exploración espacial estuvieron entre los primeros en utilizar sistemas operativos en tiempo real. Con el paso del tiempo, los sistemas satelitales, la robótica e incluso nuestros automóviles comenzaron a implementar sistemas operativos en tiempo real.

Después, durante la tercera generación del desarrollo de sistemas operativos, más empresas comenzaron a crear sistemas operativos por lotes específicamente para sus grandes necesidades de cómputo. Esta generación de sistemas operativos vio el desarrollo de los **sistemas operativos de red**, que proporcionaban un tráfico y una comunicación en red escalables, rápidos, precisos y seguros, y permitían que cada estación de trabajo dentro de la red operara de manera independiente.

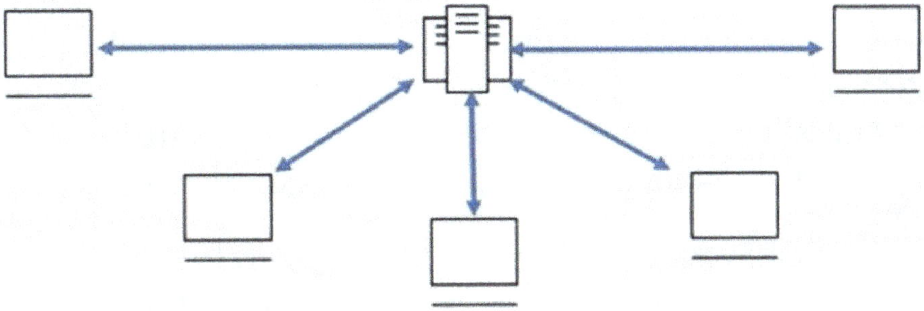

Figura 2.5: Una red de sistemas

En 1969, el sistema operativo UNIX ofreció una nueva innovación: un sistema operativo instalable en múltiples sistemas informáticos y que presentaba la compartición de tiempo del procesador. La compartición de tiempo del procesador permitió que múltiples usuarios con diferentes programas interactuaran casi simultáneamente con una computadora central, como un mainframe.

La cuarta y actual generación de sistemas operativos llevó la informática a una nueva era con sistemas operativos multitarea, incluyendo Linux, Windows, macOS y ChromeOS, que permiten a las computadoras realizar múltiples y complejas tareas simultáneamente.

Los sistemas operativos móviles, incluidos Android, Windows, iOS y ChromeOS (que también se considera un sistema operativo móvil), cumplen con la definición de sistemas operativos multitarea. Aprendamos más sobre algunos de estos sistemas operativos.

En 1991, Linus Torvalds creó un pequeño sistema operativo de código abierto para PC, lanzando la versión 1.0 de Linux en 1994. En 1996, la versión 2.0, con soporte para multiprocesamiento simétrico basado en red (SMP), proporcionó un beneficio técnico importante para el procesamiento de datos comerciales y científicos, evolucionando a Linux como un potente sistema operativo de red y servidor.

Durante los siguientes 10 años, Linux ganó aceptación en el mercado y sus distribuciones continuaron madurando. En 2013, Android, el sistema operativo móvil de Google basado en Linux, alcanzó el 75% de la cuota de mercado. Al evaluar el valor de Linux, basta considerar que en 2018, IBM adquirió Red Hat por 34 mil millones de dólares estadounidenses.

Los sistemas operativos PC-DOS y MS-DOS existieron alguna vez, siendo MS-DOS lanzado en 1981. En 1985, Windows ofreció al mercado de consumo una versión con interfaz gráfica de usuario (GUI) de su sistema operativo, escrita en variantes del lenguaje C.

En 1995, el debut de Windows 95 catapultó el dominio de Microsoft en el mercado de software de sistemas operativos de consumo, con Microsoft controlando alrededor del 70% de la cuota de mercado de sistemas operativos de escritorio para consumidores en 2021.

Microsoft también ofrece sistemas operativos para redes, gestión de servidores, móviles y teléfonos. Apple, con OS X y macOS basados en Unix, comenzó su incursión en el mercado de sistemas operativos en 1999 con las Macs basadas en PowerPC. En 2006, Apple comenzó a vender Macs con procesadores Intel Core. En 2020, Apple inició la transición hacia el chip Apple Silicon, utilizando procesadores Apple M1 de 64 bits, basados en ARM y diseñados por la propia empresa, en sus nuevas computadoras Mac.

Apple también ofrece el sistema operativo iOS para sus dispositivos móviles, como tabletas y teléfonos inteligentes. En 2011, Google lanzó ChromeOS, construido sobre Linux. ChromeOS ofrece un sistema operativo ligero, basado principalmente en el navegador, para dispositivos móviles como portátiles, capturando alrededor del 10% del mercado de laptops. Los portátiles y tabletas que ejecutan ChromeOS requieren menos almacenamiento local y cuestan menos, lo que los convierte en una opción ideal para estudiantes.

2.6. Características y Funciones de un Sistema Operativo, Parte 1

Después de estudiar esta sección, usted podrá:

- Explicar cómo instalar y configurar un sistema operativo Windows 10 (Windows 11 es similar).
- Describir tareas esenciales de gestión de estaciones de trabajo.
- Describir el propósito de los controladores (drivers) y cómo actualizarlos.
- Identificar cinco utilidades útiles de Windows.

¿Cómo se instalan los sistemas operativos en una computadora? Generalmente, el fabricante de la computadora carga, instala y preconfigura parcialmente el sistema operativo. Sin embargo, en entornos corporativos, el soporte de TI instala los sistemas operativos tanto en computadoras nuevas como en computadoras reconfiguradas.

Si usted mismo va a instalar el sistema operativo Windows desde una unidad externa, primero conecte la unidad externa que contiene la versión instaladora del sistema operativo a la computadora. Para la mayoría de las computadoras, inmediatamente después de iniciar, presione repetidamente la tecla **Esc** o **F12**. Al encender la computadora, se muestra el sistema básico de entrada y salida, conocido como **BIOS**.

Aquí tienes una guía breve, clara y paso a paso en viñetas sobre cómo auto-instalar el sistema operativo Windows 10 usando una memoria USB y la BIOS:

Preparar la memoria USB

- Descarga la herramienta oficial *Windows 10 Media Creation Tool* desde el sitio web de Microsoft.
- Inserta una memoria USB de 8 GB (o mayor) en tu computadora.

- Usa la herramienta para crear un instalador USB de arranque.

Insertar la memoria USB de arranque

- Conecta la memoria USB preparada en la computadora donde quieres instalar Windows 10.

Entrar en la configuración BIOS/UEFI

- Reinicia la computadora y presiona la tecla requerida (ejemplo: F2, F10, F12, Supr o Esc) inmediatamente después de encenderla.
- En el menú BIOS/UEFI, ve a **Opciones de Arranque/Orden de Arranque**.
- Configura la unidad USB como primer dispositivo de arranque.
- Guarda los cambios y sal del BIOS (generalmente presionando F10).

Arrancar desde USB e iniciar la instalación

- La computadora arrancará desde la memoria USB.
- Elige idioma, zona horaria y configuración del teclado.
- Haz clic en **Instalar ahora**.

Ingresar la clave de producto

- Introduce tu clave de producto de Windows 10 (o haz clic en *"No tengo una clave de producto"* para activarlo después).

Seleccionar tipo de instalación

- Elige **Personalizada: Instalar solo Windows (avanzado)** para una instalación limpia.

Particionar el disco

- Selecciona el disco duro o SSD donde deseas instalar Windows.

- Elimina las particiones antiguas si es necesario (¡cuidado: esto borra todos los datos!).
- Selecciona el espacio no asignado y haz clic en **Siguiente**.

Proceso de instalación de Windows

- El sistema copiará archivos e instalará Windows 10 automáticamente.
- La computadora se reiniciará varias veces durante el proceso.

Configuración inicial

- Después de la instalación, sigue las instrucciones en pantalla para configurar la cuenta de usuario, contraseña, región y preferencias.

Pasos finales

- Una vez en el escritorio, instala los controladores y ejecuta **Windows Update**.
- Retira la memoria USB.

2.6.1. Cómo configurar el sistema operativo

Ahora, siga las indicaciones para completar los siguientes 10 pasos:

1. Active el sistema operativo de Microsoft.
2. Seleccione la versión del sistema operativo.
3. Seleccione la unidad de instalación de destino.
4. Seleccione su región.
5. Especifique el tipo de teclado y cree o conecte su cuenta de Microsoft con su ID y contraseña.
6. Continúe siguiendo las indicaciones y seleccione tres preguntas de seguridad.
7. Decida si desea conectarse con Cortana, el asistente integrado de Microsoft.

8. Seleccione la opción para sincronizar el historial de su dispositivo.
9. Acepte la configuración de privacidad, lo cual forma parte de la seguridad del sistema.
10. Aplique la actualización de software de Windows.

Con la mayoría de sus tareas de configuración completadas, siga las indicaciones para actualizar Windows.

A continuación:

- Selecciona la opción **BitLocker** para cifrar el disco duro local. El cifrado es una capacidad importante para la privacidad y seguridad de los datos.

Ten en cuenta que tu equipo puede reiniciarse varias veces durante el proceso de configuración.

2.6.2. Administración de Políticas

La administración de políticas aplica reglas para contraseñas, intentos fallidos de inicio de sesión, programas permitidos y otros ajustes específicos de la máquina o del grupo.

Así es como puedes acceder a la administración de políticas: Escribe **"group policy"** en el cuadro de búsqueda de la Barra de tareas (en la parte inferior izquierda en Windows 10; en la parte inferior central en Windows 11). Véase la Figura 2.6.

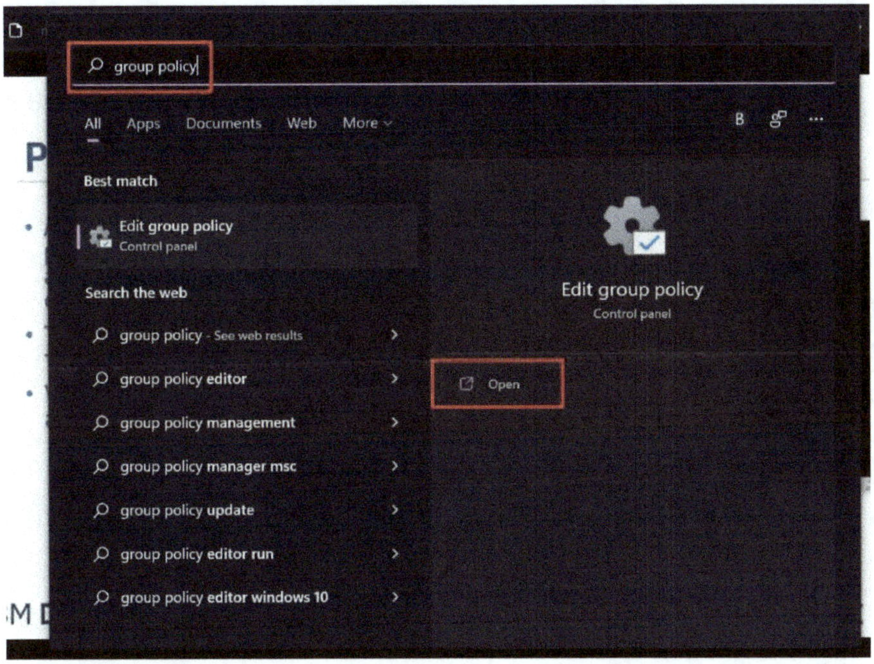

Figura 2.6: Cómo abrir la Directiva de Grupo en Windows 10/11

Traducción de etiquetas

- group policy → **directiva de grupo**
- All → **Todo**
- Apps → **Aplicaciones**
- Documents → **Documentos**
- Web → **Web**
- More → **Más**
- Best match → **Mejor coincidencia**
- Edit group policy → **Editar directiva de grupo**
- Control panel → **Panel de control**
- Open → **Abrir**
- Search the web → **Buscar en la web**
- group policy - See web results → **directiva de grupo – Ver resultados web**
- group policy editor → **editor de directivas de grupo**
- group policy management → **administración de directivas de grupo**
- group policy manager msc → **administrador de directivas de grupo msc**

- group policy update → **actualización de directivas de grupo**
- group policy editor run → **ejecutar editor de directivas de grupo**
- group policy editor windows 10 → **editor de directivas de grupo en Windows 10**

La opción de panel de control *Editar directiva de grupo* se muestra. Haz clic en *Abrir*. Selecciona la configuración de *Configuración de usuario* para ver sus detalles y editar las políticas. Windows programa procesos y asigna recursos de manera automática, casi siempre sin inconvenientes. Sin embargo, a veces una tarea puede quedarse detenida y es necesario finalizarla y detener el proceso.

Escribe "Administrador de tareas" en el cuadro de búsqueda de la barra de tareas. Ábrelo para ver las aplicaciones y sus procesos en segundo plano. Los pasos a seguir son 1, 2, 3 y 4 en la Figura 2.7.

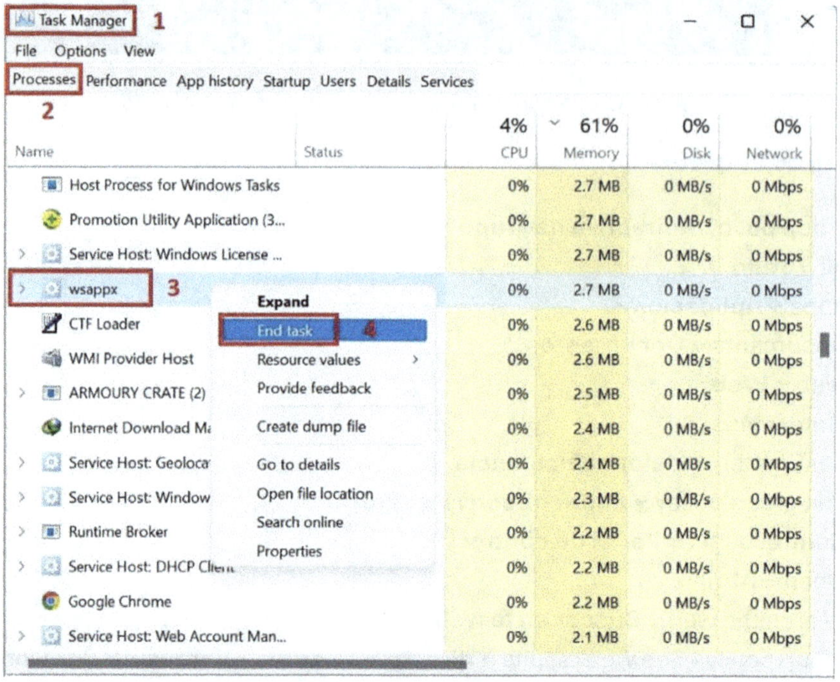

Figura 2.7: El Administrador de Tareas en Windows 10/11

Cuando localices el software o proceso problemático, selecciona **Finalizar tarea** (4) para detener el proceso.

2.6.3. Interfaz/Gestión de la computadora: El Administrador de dispositivos

Tal vez quieras verificar la instalación y el rendimiento de un nuevo disco duro, o comprobar que la computadora reconozca la memoria u otro componente, como una tarjeta adicional, que incluye interfaces. En el cuadro/campo de búsqueda de la barra de tareas de Windows, escribe **"Administrador de dispositivos"**. Selecciona **Abrir** para iniciar la aplicación del Administrador de dispositivos. Alternativamente, (para Windows 10 o 11), haz clic derecho sobre el logo de Windows y selecciona **Administrador de dispositivos**.

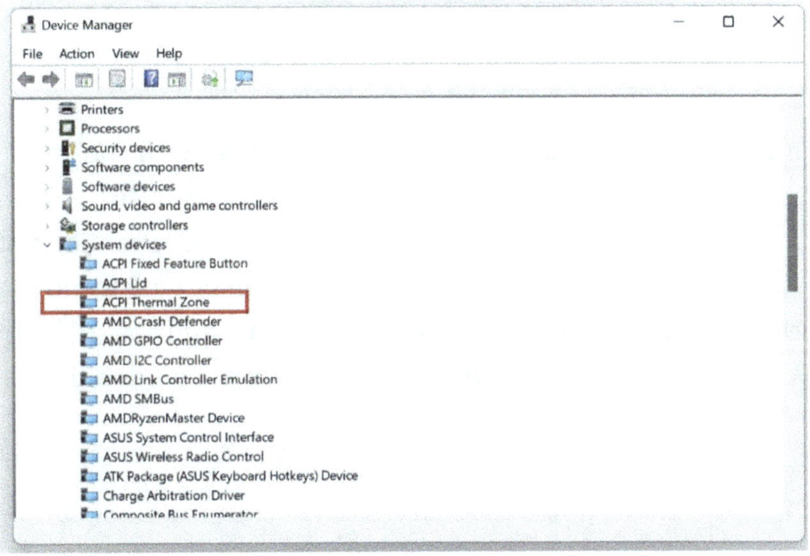

Figura 2.8: El Administrador de dispositivos en Windows 10/11

Desplázate por la lista y verás los dispositivos del sistema de la computadora (hardware, componentes e interfaces), como la **Zona Térmica ACPI** que se muestra en la Figura 2.8. Si tu sistema utiliza Intel, verifica la **Interfaz del**

Motor de Gestión Intel. Haz doble clic para ver las propiedades de la interfaz.

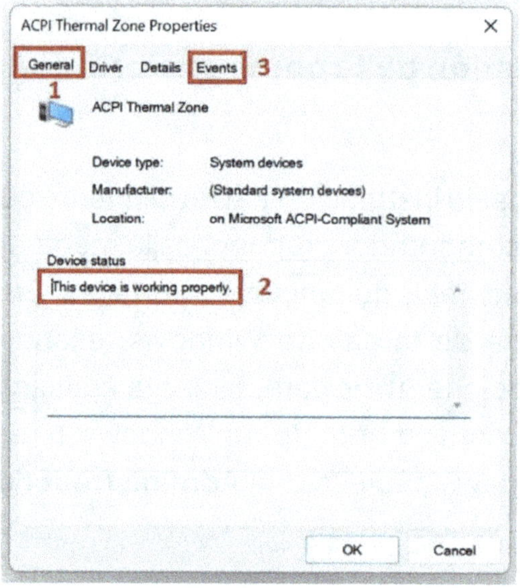

Figura 2.9: Propiedades de la Zona Térmica ACPI

En la Figura 2.9, en la pestaña **General (1)**, puedes confirmar que la interfaz funciona correctamente **(2)**. También puedes ver **Eventos (3)**, evaluar los recursos, configurar opciones de administración de energía, actualizar el software del controlador (Figura 2.11), que trabaja con la computadora para capacidades externas, actualizar el **firmware**, que es el software del dispositivo "integrado", y ver detalles adicionales del dispositivo.

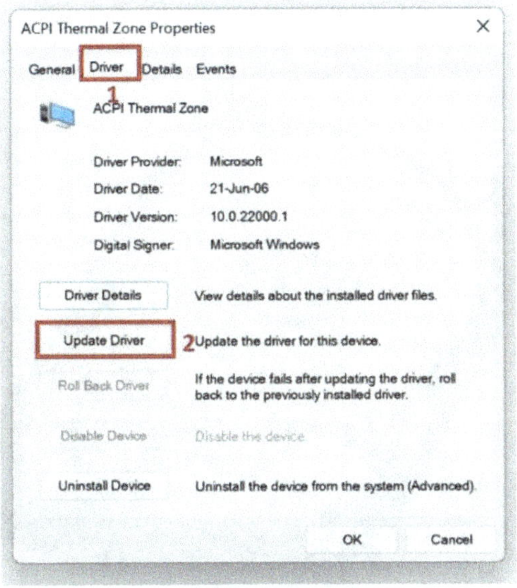

Figura 2.10: El botón Actualizar para actualizar controladores

2.6.4. Administración de memoria

Windows utiliza la **RAM** para tareas de memoria frecuentes (Figura 2.11) y la **memoria virtual** para tareas menos frecuentes (Figura 2.13).

Figura 2.11: Cómo reparar una RAM (Memoria de Acceso Aleatorio)

Figura 2.12: El disco duro de la computadora se utiliza como memoria virtual

Si el rendimiento de la computadora es lento o muestra errores de "poca memoria virtual", es momento de actuar. Necesitas evaluar el rendimiento de la memoria según el hardware de RAM instalado. Para ello, abre el **Administrador de tareas** (mostrado anteriormente en la Figura 2.8) y observa el uso de los recursos de memoria (sigue los pasos **1**, **2**, **3** y **4** de la Figura 2.13).

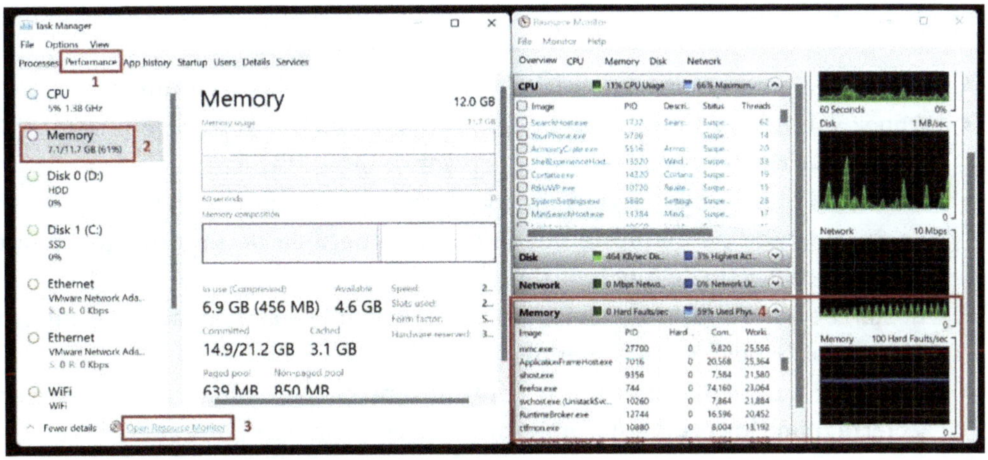

Figura 2.13: Cómo ver el uso de la memoria

Alternativamente, puedes ejecutar la aplicación **Diagnóstico de memoria de Windows**. Para encontrar esta aplicación rápidamente, simplemente búscala en el cuadro de búsqueda de la barra de tareas y ábrela.

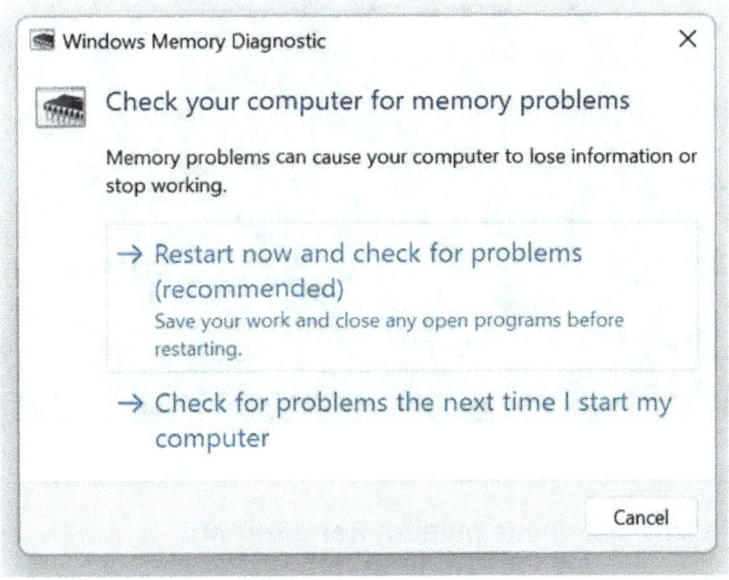

Figura 2.14: La aplicación Diagnóstico de memoria de Windows

Traducción de etiquetas

- Windows Memory Diagnostic → **Diagnóstico de memoria de Windows**
- Check your computer for memory problems → **Verifica si tu computadora tiene problemas de memoria**
- Memory problems can cause your computer to lose information or stop working → **Los problemas de memoria pueden causar pérdida de información o que tu computadora deje de funcionar**
- Restart now and check for problems (recommended) → **Reiniciar ahora y comprobar si hay problemas (recomendado)**
- Save your work and close any open programs before restarting → **Guarda tu trabajo y cierra todos los programas abiertos antes de reiniciar**
- Check for problems the next time I start my computer → Comprobar si hay problemas la próxima vez que inicie mi computadora
- Cancel → **Cancelar**

A veces, un programa instalado necesita más **memoria virtual.** Para administrar la memoria virtual, selecciona **Configuración** y **Acerca de.**

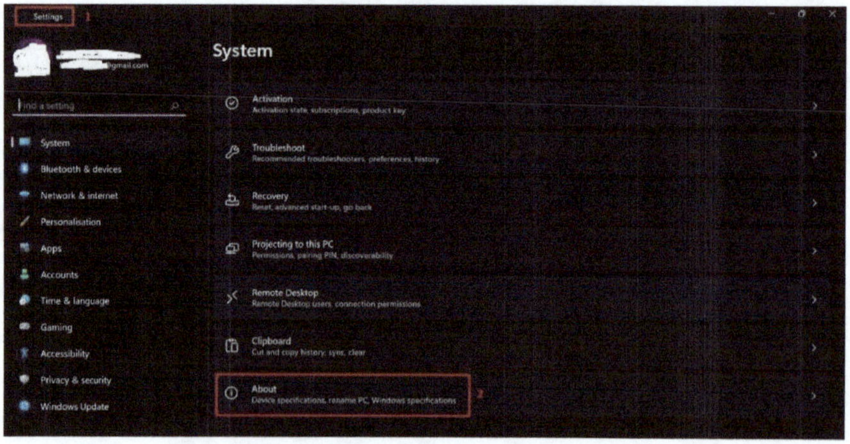

Figura 2.15: Cómo ajustar el rendimiento de Windows, paso 1

Luego, comienza a escribir la palabra **Rendimiento.**

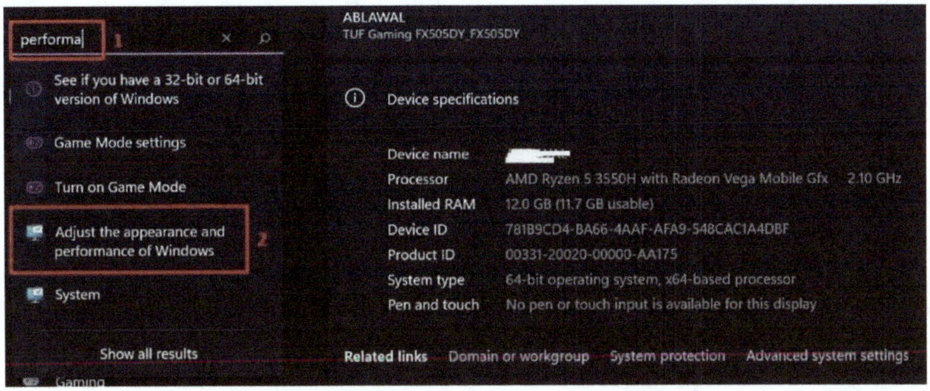

Figura 2.16: Cómo ajustar el rendimiento de Windows, paso 2

Selecciona la opción **"Ajustar la apariencia y el rendimiento de Windows"**. Se mostrará la ventana de opciones de **Rendimiento**. Consulta la Figura 2.17.

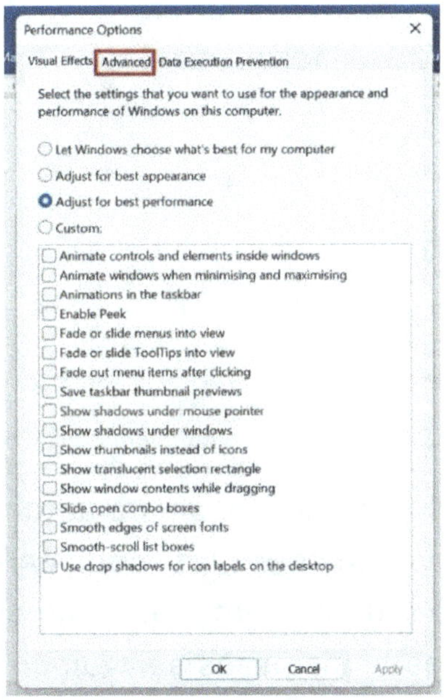

Figura 2.17: Cómo ajustar el rendimiento de Windows, paso 3

Abre la pestaña **Avanzado**. Si esta pestaña no aparece en tu versión de Windows, simplemente continúa con la siguiente sección de **Memoria virtual**

(1) y selecciona **Cambiar (2)**, como se muestra en la Figura 2.18.

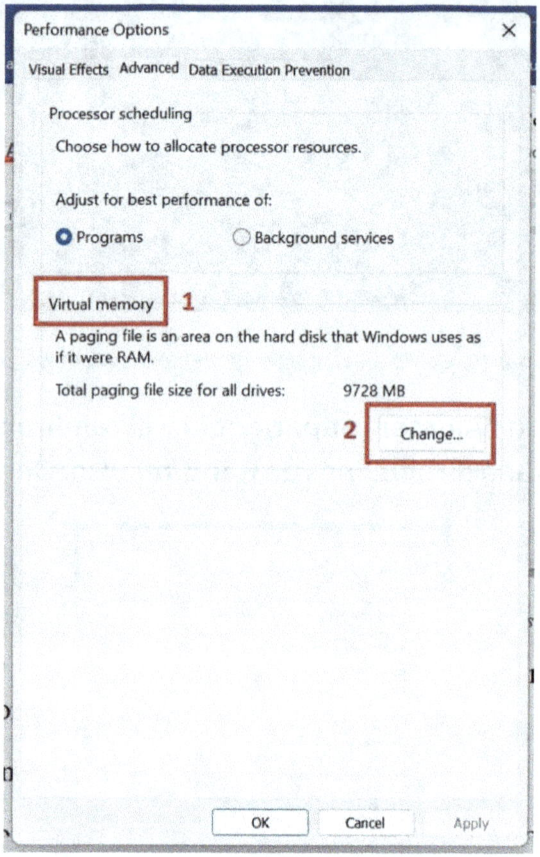

Figura 2.18: Cómo ajustar el rendimiento de Windows, paso 4

En la mayoría de los casos, Windows ajusta automáticamente la **memoria virtual**. Pero si descubres que necesitas modificarla, por ejemplo para una aplicación que consume mucha memoria, como un editor de gráficos o de video, la Figura 2.19 muestra los pasos a seguir en la ubicación del sistema operativo de Windows donde puedes ajustar estas configuraciones.

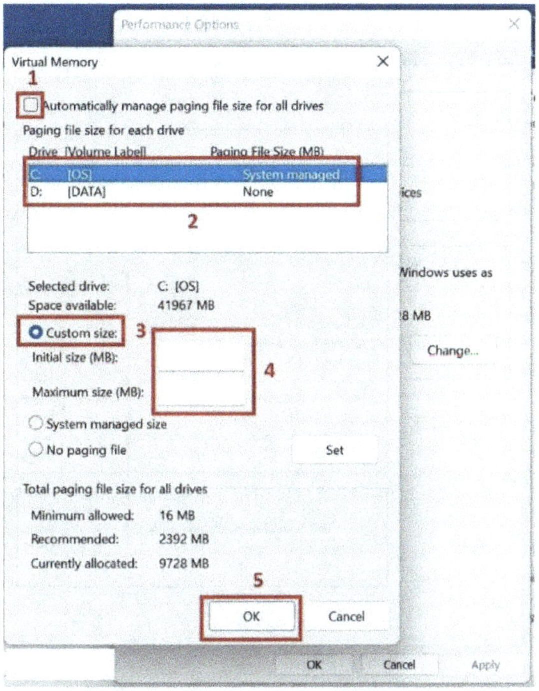

Figura 2.19: Cómo ajustar el rendimiento de Windows, paso 5 (administración de memoria virtual)

Paso 1: Desmarca **"Administrar automáticamente el tamaño del archivo de paginación para todos los dispositivos"**.

Paso 2: Selecciona la unidad (C: o D: en la Figura 2.19) que deseas usar como **memoria virtual (archivo de paginación)**.

Paso 3: Selecciona la opción **Tamaño personalizado**.

Paso 4: Ingresa el **tamaño inicial y máximo** (en megabytes) en la unidad que deseas asignar a la memoria virtual.

Paso 5: Haz clic en el botón **Aceptar** para aplicar los cambios.

2.6.5. Administración de servicios

Para ver esta aplicación, busca **"Servicios"** en el cuadro de búsqueda de la barra de tareas y ábrela. La **Administración de servicios** gestiona automáticamente las tareas en segundo plano. Puedes ver algunas tareas en ejecución en la Figura 2.20.

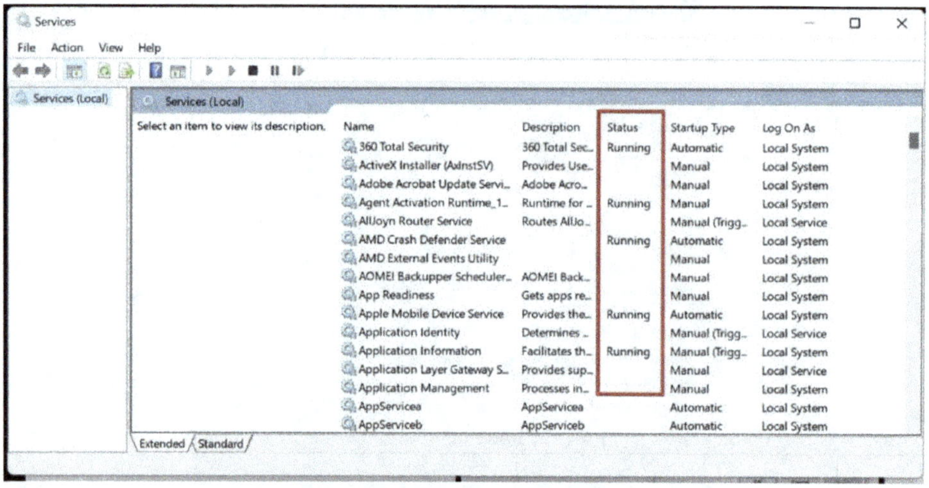

Figura 2.20: La aplicación Administración de servicios

Sin embargo, a veces un programa simplemente no se cierra, o quizás observes que un programa utiliza tanta memoria que otros no pueden ejecutarse. La **Administración de servicios** te permite solucionar y gestionar estas situaciones. Al hacer clic derecho **(1)** sobre el programa problemático, puedes ver las capacidades de esta aplicación **(2)**. Algunas se muestran en la Figura 2.21.

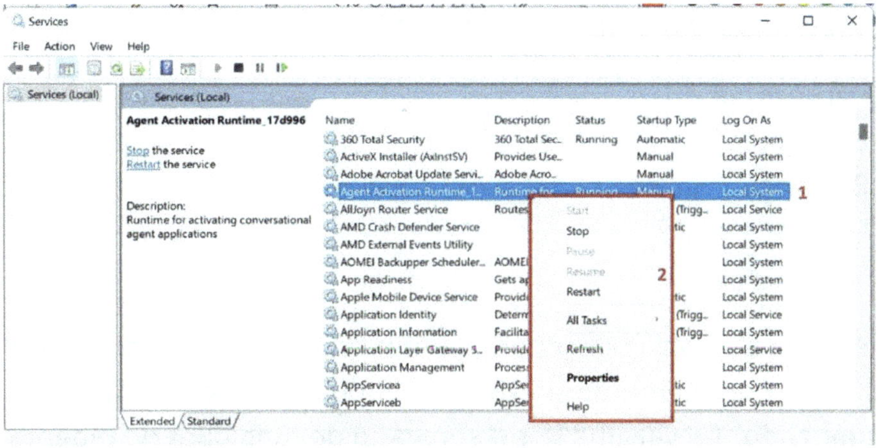

Figura 2.21: Algunas capacidades de la aplicación Administración de servicios

Quiero que explores algunas de las opciones (ten cuidado). Algunas de ellas incluyen:

- Detener el servicio
- Reiniciar el servicio
- Propiedades del servicio
- Ejecutar un programa
- No realizar ninguna acción
- Reiniciar la computadora

2.6.6. Configuración de controladores

Los **controladores (drivers)** son componentes de software que permiten la comunicación entre el sistema operativo y el dispositivo.

Controladores de componentes internos o integrados controlan:

1. Discos duros
2. Procesadores
3. Interfaces

Controladores de periféricos controlan:

1. Impresoras
2. Escáneres
3. Bocinas
4. Dispositivos IoT
5. Cámaras web

Si un dispositivo deja de funcionar repentinamente, aparte de un problema de energía u otro problema de hardware, es posible que el **controlador esté desactualizado**. Tal vez una impresora dejó de funcionar de repente porque necesita un **nuevo controlador** para comunicarse con la computadora.

Para **actualizar o configurar un nuevo controlador**, accede al **Administrador de dispositivos de Windows** (ver sección 2.6.3).

- Desplázate hacia arriba o hacia abajo para localizar tu dispositivo.
- Haz clic derecho para ver los detalles del dispositivo.
- Si es necesario, selecciona **Actualizar controlador**.

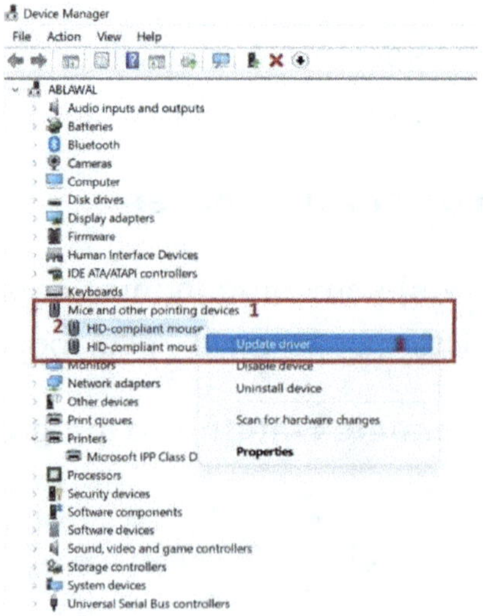

*Figura 2.22: Cómo actualizar/configurar un **controlador de periférico** (Sigue los pasos 1, 2 y 3)*

2.6.7. Utilidades

Las **utilidades** te ayudan a administrar y gestionar el sistema operativo. Algunas de ellas se explican a continuación:

1. **Diagnóstico de Windows** localiza errores de memoria del hardware.
2. **Monitor de rendimiento de Windows** proporciona detalles de rendimiento de procesos, aplicaciones y hardware.
3. **Visor de eventos de Windows** ofrece registros detallados de actividad para diagnosticar errores, problemas de instalación y otros inconvenientes.
4. **Editor del registro de Windows** permite corregir información de registro de software integrada, como la ubicación en disco de los archivos de un programa.
5. **Administrador de tareas de Windows** permite visualizar y gestionar las tareas de la máquina, lo que ayuda a solucionar errores y mejorar el rendimiento.

2.7. Características y funciones de un sistema operativo, Parte 2

En esta sección, podrás:

- Describir la configuración y gestión de discos
- Explicar los conceptos básicos de almacenamiento y gestión de archivos y carpetas
- Describir las características de seguridad del sistema operativo
- Describir los protocolos de comunicación informática, el acceso a la red y cómo usar una computadora como punto de acceso móvil

2.7.1. Configuraciones de disco

Las configuraciones de disco preferidas varían según la plataforma del sistema operativo. Las computadoras con Windows generalmente usan configuraciones **FAT32**, **NTFS** o **HPFS**. Vea las siguientes tablas.

Disco duro	**Número de particiones**	**Tamaño máximo de volumen**	**Tamaño máximo de partición**	**Número máximo de directorios**
FAT32	Límite de 32 GB, 4	2 TB (16 TB con sectores de 4 KB)	32 GB	65,536 archivos en un directorio
NTFS	Límite práctico: 4	8 petabytes	El tamaño de clúster determina el tamaño de partición	Sin límite fijo
HFS+ (Mac, puede ser leído por Windows)	2^32 bloques en un volumen	Ligeramente menos de 8 EB	2^32 bloques de asignación en volumen	Límite basado en caché de disco
EXT 4 Linux/UNIX	4	1 EB	Archivo de 16 TB, volumen de 1 EB + bloque de 4096	Ilimitado
HPFS	4	64 GiB	-----	-----

Disco duro	**Límite de caracteres en directorio**	**Tamaño máximo de archivo**	**Número máximo de archivos**	**Límite de caracteres en nombre de archivo**
FAT32	255	4 GB	268,173,300	255
NTFS	255	16 exabytes	4,294,967,295	255
HFS+ (Mac, puede ser leído por Windows)	255	Ligeramente menos de 8 exabytes	65,535	255

EXT 4 Linux/UNIX	255 (ruta máx. 4096)	16 Tebibytes	4,000,000,000	255
HPFS	-----	2 GiB	Ilimitado	255

Las estaciones de trabajo Linux utilizan EXT 4, y las estaciones de trabajo Mac utilizan HFS+.

2.7.2. Administración de discos

La administración de discos permite formatear y particionar discos duros. Así es como se hace. En el cuadro de la barra de tareas de Windows, escriba "administración de discos" (1) y abra la aplicación Administración de discos (2).

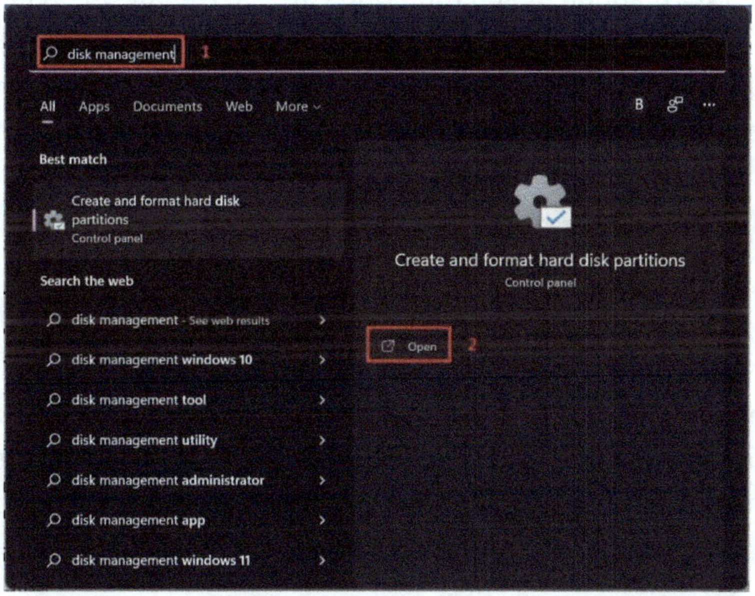

Figura 2.23: Cómo abrir la aplicación de administración de discos

Puedes usar la aplicación de Administración de Discos para realizar el formateo, particionado, compresión y limpieza de discos.

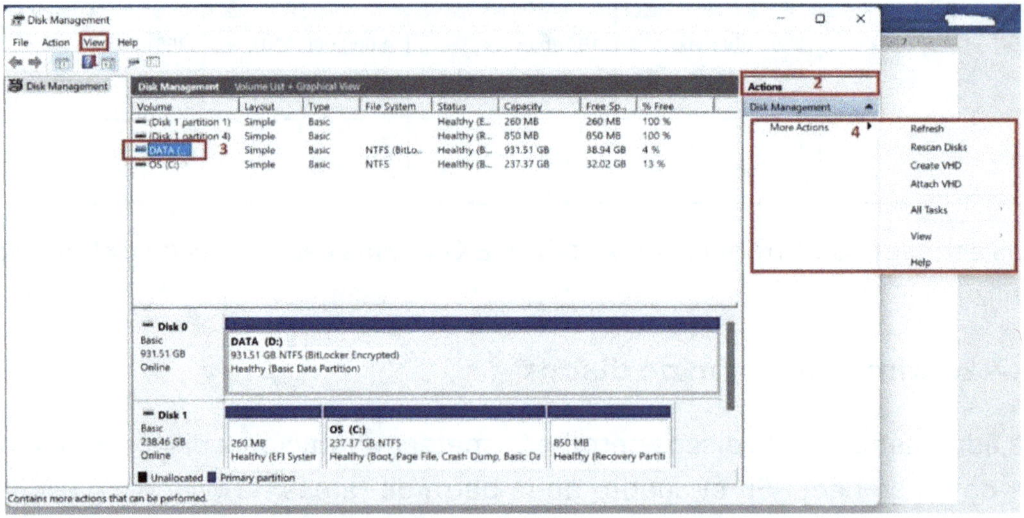

Figura 2.24: Algunas funciones de la aplicación de Administración de Discos

Si no puedes ver algunas de las funciones que se muestran en la Figura 2.24, haz clic en el botón **Vista** (1) y selecciona **"Personalizar..."** en el cuadro de diálogo que aparece. Se abrirá el panel **Acciones** (2). A continuación, selecciona el disco que desees (3). Luego haz clic en la flecha frente a **"Más acciones"** (4) para mostrar más acciones que puedes realizar en el disco seleccionado.

2.7.3. Administración de Almacenamiento

Los objetivos de la administración de almacenamiento se centran en optimizar el rendimiento, minimizar la pérdida de datos y maximizar el uso del disco. Para acceder rápidamente a las opciones de administración de almacenamiento, abre el panel de **Configuración** (ver Figura 2.23) y busca **"almacenamiento"**.

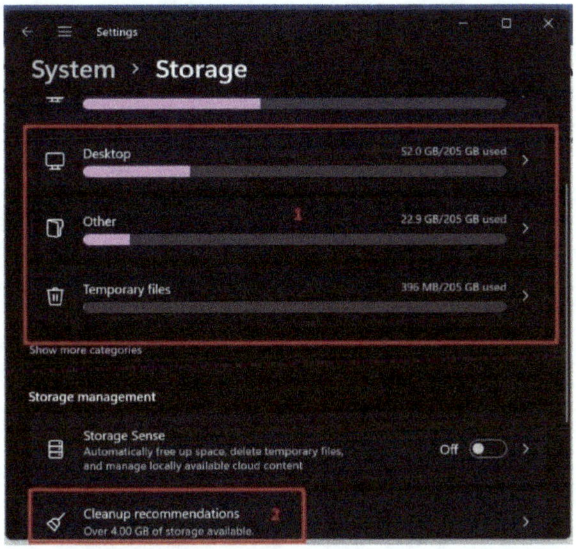

Figura 2.25: Algunas características de la aplicación de administración de almacenamiento

Nota: Siempre haga una copia de seguridad de sus datos antes de cambiar la configuración de su disco.

Las capacidades de administración de almacenamiento incluyen ver el uso de almacenamiento en otras unidades (1), cambiar el destino de almacenamiento, administrar espacios de almacenamiento, optimizar discos duros y ver las opciones de limpieza de datos (2) y de copia de seguridad.

2.7.4. Administración de carpetas y archivos

En Windows, el Explorador de archivos se utiliza para administrar archivos y carpetas. La configuración de su disco duro determina el número permitido de archivos y carpetas. El usuario promedio no encontrará limitaciones. Para abrir el Explorador de archivos, haga clic en “Este equipo” en su escritorio o desde el panel izquierdo de otra carpeta que ya haya abierto.

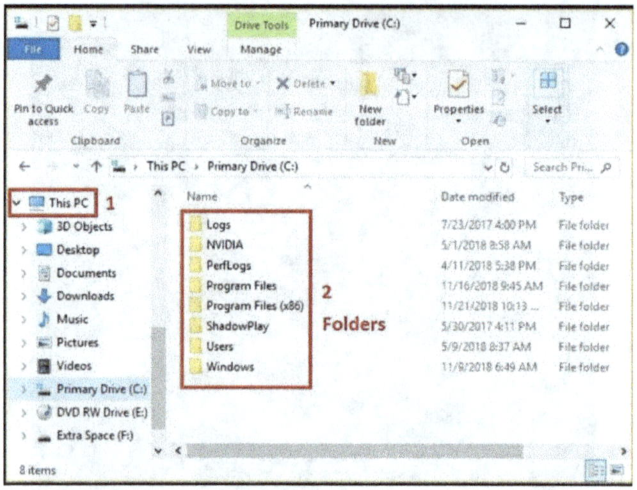

Figura 2.26: Explorador de archivos de Windows 10

Ahora, en el cuadro de búsqueda de la Barra de tareas, escribe **"Opciones del Explorador de archivos"** y abre la aplicación.

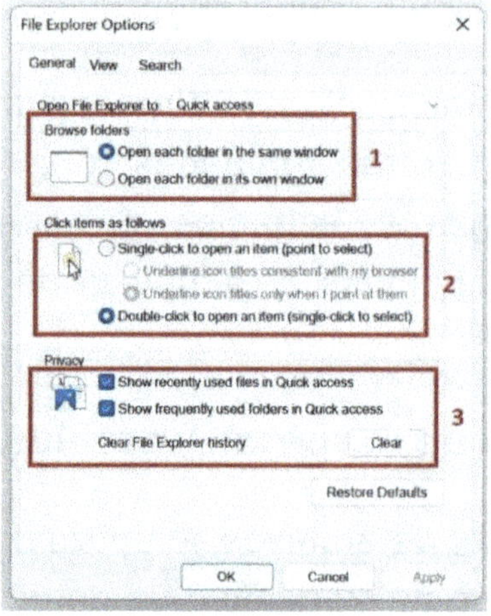

Figura 2.27: Opciones del Explorador de Archivos de Windows

Aquí puede establecer las opciones de archivos y carpetas para abrir carpetas dentro de una ventana existente o en una nueva (1), usar una acción de un solo clic o de doble clic para abrir un archivo (2), y decidir si mostrar o no los archivos y carpetas accedidos recientemente (3).

2.7.5. Seguridad

Después de la instalación del sistema operativo o al realizar la resolución de problemas, verifique la implementación de las siguientes prácticas esenciales de seguridad:

- La creación de un ID de Microsoft y credenciales de cuenta de usuario con contraseña,
- El uso de un PIN u otras credenciales de la máquina,
- La activación de BitLocker para cifrar el disco duro local, y
- Actualizaciones automáticas y regulares del sistema operativo y otros programas.

2.7.6. Protocolos de Comunicación

Los protocolos de comunicación permiten que las computadoras se comuniquen entre sí, incluyendo comunicaciones por Internet, intercambio de documentos y más. Los protocolos estándar incluyen:

- **Protocolo de transferencia de hipertexto (HTTP):** muestra páginas web.
- **Protocolo de Control de Transmisión (TCP):** es un protocolo de red que permite que el software y las aplicaciones se comuniquen entre sí.
- **Protocolo de Datagrama de Usuario (UDP):** ayuda a evitar que las comunicaciones se “corten”, similar a una llamada telefónica interrumpida.
- **Internet Relay Chat (IRC):** es una plataforma histórica de mensajería de texto.
- **Permisos de comunicación:** permiten que los usuarios de

computadoras hablen entre sí.

2.7.7. Acceso a la Red

La primera pregunta que casi todo usuario hace es: *"¿Estoy conectado?"* Para unirse a una red inalámbrica, primero haga clic en el ícono de red inalámbrica en la Barra de tareas (1), como se muestra en la Figura 2.28. Luego seleccione su red inalámbrica (2) e ingrese su contraseña o clave de seguridad de red (3).

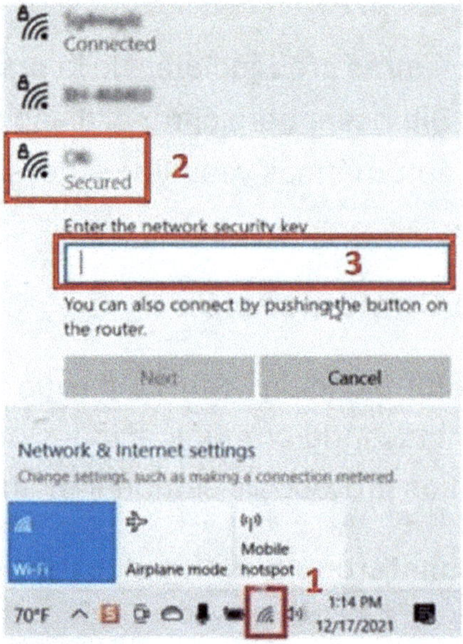

Figura 2.28: Cómo unirse a una red inalámbrica

Sus dispositivos móviles pueden usar la conexión a Internet de su computadora como un *punto de acceso móvil*. Simplemente seleccione el ícono de punto de acceso móvil dentro de la configuración de red inalámbrica. Luego, en su dispositivo móvil, seleccione el nombre del punto de acceso móvil de su PC.

2.8. Dispositivos Informáticos Comunes y sus Plataformas

Después de estudiar esta sección, usted podrá:

- Categorizar los dispositivos informáticos comunes y describir sus principales características y beneficios.
- Identificar las plataformas de sistemas operativos más utilizadas asociadas con estos dispositivos.

Los dispositivos informáticos comunes incluyen:

- Dispositivos informáticos estacionarios,
- Dispositivos informáticos móviles, y
- Dispositivos del *Internet de las Cosas* o IoT.

2.8.1. Dispositivos Informáticos Estacionarios

Los dispositivos estacionarios, que incluyen estaciones de trabajo, servidores y consolas de videojuegos de sobremesa, permanecen en un escritorio, en un rack u otra ubicación fija.

Estos dispositivos consisten en una caja o chasis que incluye procesadores, memoria y conexiones de entrada y salida que se conectan a redes, teclados, monitores, ratones, impresoras, altavoces, micrófonos, cámaras web y otros dispositivos. En algunos casos, es posible actualizar la memoria, el almacenamiento o las tarjetas de video del dispositivo.

Estaciones de trabajo

Las estaciones de trabajo, utilizadas tanto en la oficina como en el hogar, son lo que la mayoría de las personas piensan cuando se habla de una computadora de escritorio. También categorizadas como computadoras personales, estos dispositivos suelen estar en una caja que contiene una tarjeta madre con procesador, memoria, almacenamiento y ranuras para tarjetas adicionales que proporcionan funciones extra.

Sus tarjetas madre incluyen puertos que admiten monitores, teclados, ratones, micrófonos, impresoras, altavoces y otros dispositivos, así como tarjetas integradas para conectividad inalámbrica. Muchos dispositivos más recientes permiten actualizaciones de memoria, almacenamiento y tarjetas gráficas. Estos dispositivos utilizan sistemas operativos Microsoft Windows, macOS y Linux.

Servidores

A continuación, los servidores generalmente se instalan como unidades independientes o en racks apilados dentro de redes, lo que permite el acceso compartido a medios como películas, videos, clips de sonido y páginas web para sitios web.

Figura 2.29: Un rack de servidores

Los servidores también administran solicitudes de impresión, permiten el acceso compartido a datos y documentos, almacenan correos electrónicos y mucho más. En la red, múltiples servidores pueden contener los mismos datos, de modo que si un servidor falla, los usuarios pueden seguir trabajando utilizando los mismos datos desde otros servidores. La capacidad de continuar con el trabajo cuando un recurso informático compartido presenta una falla se conoce como *tolerancia a fallos*.

El hardware de los servidores ofrece capacidades sólidas que a menudo admiten múltiples procesadores, memoria, tarjetas gráficas, almacenamiento y conexiones de puertos dentro del mismo equipo. Los servidores utilizan sistemas operativos de red diseñados para optimizar la distribución de datos (*cargas de trabajo distribuidas*).

Los proveedores populares de software de sistemas operativos incluyen Microsoft Windows Server, Linux, UNIX, macOS X y FreeBSD.

Consola de videojuegos

Las consolas de videojuegos de escritorio también se conocen como consolas de videojuegos de mesa.

Figura 2.30: Algunas consolas de videojuegos

Las tarjetas madre de las consolas de videojuegos contienen procesadores, memoria, procesadores gráficos, almacenamiento, puertos de entrada, puertos de salida y un controlador de memoria que existe de manera separada entre los demás bloques funcionales y la memoria del sistema. En el pasado, muchas de estas funciones existían por separado como múltiples chips en la placa base, pero hoy en día estas funciones se encuentran en un único bloque funcional.

Las consolas de videojuegos, como las fabricadas por Microsoft (Xbox), Sony (PlayStation) y Nintendo, son similares a las computadoras de escritorio, pero utilizan memoria caché mejorada y procesamiento gráfico avanzado para permitir experiencias de juego más fluidas.

Antes, las consolas de videojuegos requerían conexiones por cable a monitores y controles. Las consolas actuales ofrecen conectividad inalámbrica. Por lo general, las consolas de videojuegos no son actualizables.

2.8.2. Dispositivos de computación móvil

Los dispositivos móviles, incluidos laptops, tabletas, teléfonos móviles y sistemas de juego portátiles, han transformado la manera en que vivimos, trabajamos y nos entretenemos. Primero, revisemos las laptops.

Laptops

Muchas computadoras portátiles ejecutan versiones de los sistemas operativos Microsoft Windows, macOS y Linux, mientras que otras utilizan el sistema operativo ligero de Google Chrome. Las tarjetas madre de las laptops incluyen procesadores, memoria, tarjetas de video, puertos para conectarse con otros dispositivos y capacidad Wi-Fi. Muchos fabricantes de laptops permiten actualizaciones de almacenamiento y memoria.

Tabletas

Los dispositivos tipo tableta suelen ser menos potentes que las laptops, pero eso está comenzando a cambiar. Las tabletas, construidas en carcasas muy compactas, incluyen la mayoría de los componentes de una laptop pero no cuentan con teclado. Generalmente utilizan sistemas operativos como Microsoft Windows, iOS y Chrome. Algunos ejemplos son el Apple iPad Apple iPad 11 pulgadas (https://www.amazon.com/dp/B0DZ7871B8) y el Microsoft Surface Pro Laptop/Tablet 2 en 1 (2025) (https://www.amazon.com/dp/B0DZ5DBD83).

La **placa base** incluye el procesador del dispositivo, la memoria, una tarjeta de video, una tarjeta de sonido, un número limitado de puertos, una tarjeta Wi-Fi y almacenamiento de disco duro limitado. Las tabletas generalmente no son actualizables.

Teléfonos

Los teléfonos móviles incluyen componentes integrados con procesadores especializados, memoria y capacidades de sonido y video. Los teléfonos pueden incluir una ranura para una tarjeta SIM que conecta el teléfono a un proveedor de servicios móviles, así como un puerto ranurado para almacenamiento adicional. Todos los teléfonos incluyen un puerto multifuncional que se utiliza principalmente para recargar la batería del teléfono.

Los sistemas operativos de los teléfonos móviles, diseñados para la velocidad, están especialmente desarrollados para admitir múltiples capacidades de comunicación en distintos espectros, incluidos las frecuencias designadas de telefonía móvil, Bluetooth, Wi-Fi, comunicaciones de campo cercano (NFC) y otras opciones de conectividad. Los sistemas operativos **Android** e **iOS** dominan el mercado. Sin embargo, dado que prácticamente todos los componentes están soldados a la placa, solo se puede actualizar el software, no el hardware.

Dispositivos de juegos portátiles

Los dispositivos de juegos portátiles utilizan procesadores especializados, almacenamiento y memoria, e incluyen batería y puertos de uso múltiple para energía, Wi-Fi y otras opciones de conectividad. Estos dispositivos usan sistemas operativos configurados especialmente para el uso móvil, y muchos de esos sistemas están basados en **Linux**. El software de juegos suele estar preinstalado o puede descargarse, y el hardware generalmente no es actualizable.

Dispositivos IoT

El **Internet de las cosas (IoT)** describe objetos físicos que tienen sensores, capacidad de procesamiento, software y otras tecnologías que permiten a estos dispositivos intercambiar datos con otros dispositivos y sistemas a través de Internet u otras redes de comunicación.

Los dispositivos IoT se comunican mediante Wi-Fi, Bluetooth, NFC, Zigbee y otros protocolos. Pueden recibir actualizaciones de software, pero por lo general el hardware, limitado en espacio, está soldado a la placa y no es actualizable. Aprendamos más.

Categorías de dispositivos IoT

De consumo: Los dispositivos IoT de consumo más comunes incluyen bocinas inteligentes, televisores, dispositivos portátiles como rastreadores de actividad, y electrodomésticos como aspiradoras automáticas, estufas y otros. Los focos, juguetes, termostatos y dispositivos médicos también forman parte del mundo IoT actual.

Empresarial: Los dispositivos IoT empresariales permiten a las organizaciones ofrecer a los consumidores funciones más específicas y gestionar costos. Por ejemplo, las compañías de servicios instalan medidores inteligentes para ayudar tanto a clientes residenciales como comerciales a gestionar su consumo de energía. Los sensores de ocupación y los sistemas de seguridad habilitados por IoT ayudan a las empresas a prevenir pérdidas y mejorar la seguridad de trabajadores y clientes.

Industrial: De manera similar, los dispositivos IoT industriales ayudan a las organizaciones a monitorear el clima, operar robots, evaluar la calidad del agua y del aire, entre otros usos.

2.9. Comprendiendo Cómo se Comunican las Computadoras

Después de estudiar esta sección, usted podrá:

- Describir tres sistemas de notación ampliamente utilizados
- Convertir números entre sistemas de notación
- Identificar tipos de datos comunes
- Identificar los dos tipos de caracteres más utilizados

2.9.1. Definición de los Sistemas de Notación

En informática, un sistema de notación, también llamado sistema numérico, es un conjunto de símbolos que representan números. Los tres sistemas de notación más utilizados son: decimal, binario y hexadecimal.

La notación decimal es de base 10, como en los números del 1 al 9, luego 10, 20, 30, y así sucesivamente. La notación decimal utiliza un separador decimal, generalmente un punto, que identifica los números a la derecha del punto como una fracción, por ejemplo: 0.5, 0.75, y así sucesivamente. Los decimales con valores negativos muestran un signo menos inmediatamente a la izquierda del número, como en: -1, -2.

La notación binaria es el sistema base del “lenguaje de las computadoras” y de la programación en bits, aunque más comúnmente se hace referencia en bytes. El sistema binario utiliza solo dos números, cero (0) y uno (1), y combinaciones de esos dos números, como 10, 1011, 110001, y así sucesivamente. La notación binaria representa el 0 como un estado "apagado" y el número 1 como un estado "encendido".

Un solo dígito se conoce como bit y es la unidad más pequeña de información que procesan las computadoras. El siguiente nivel de información es un byte. Ocho bits o dígitos contiguos forman un byte.

Cómo convertir un número decimal a binario

La conversión de decimal a binario se basa en divisiones sucesivas entre 2. Aquí tienes los pasos explicados de manera sencilla:

1. **Divide el número decimal entre 2**.
    - Anota el **cociente** y el **residuo**.
2. **Toma el cociente** y vuelve a dividirlo entre 2.
    - Nuevamente, anota el cociente y el residuo.
3. **Repite el proceso** hasta que el cociente sea 0.
4. **Ordena los residuos**:
    - Escribe primero el último residuo (el obtenido en la división final).
    - Luego coloca los demás residuos en orden inverso (de abajo hacia arriba).
5. El resultado será el número binario.

Ejemplo: Convertir 25 a binario

- 25 ÷ 2 = 12, residuo **1**
- 12 ÷ 2 = 6, residuo **0**
- 6 ÷ 2 = 3, residuo **0**
- 3 ÷ 2 = 1, residuo **1**
- 1 ÷ 2 = 0, residuo **1** (última división)

Leyendo los residuos de abajo hacia arriba: **11001**

Por lo tanto, el número **25 en decimal es 11001 en binario**.

Aquí tienes la traducción al español de la explicación mejorada:

- Toma el número binario que quieres convertir. Ejemplo: **010010**.
- Comienza con el primer dígito (el más a la izquierda). Ese será tu valor inicial.
- Para cada nuevo dígito:
  Duplica el valor acumulado que llevas hasta ahora.
  Suma el dígito actual del número binario (0 o 1).
- Repite el proceso hasta llegar al último dígito.
- El número que obtienes al final es el valor en **decimal**.

Ejemplo paso a paso (010010):

- Empieza con 0.
- $(0 \times 2) + 1 = 1$
- $(1 \times 2) + 0 = 2$
- $(2 \times 2) + 0 = 4$
- $(4 \times 2) + 1 = 9$
- $(9 \times 2) + 0 = 18$

El número binario **010010** equivale a **18 en decimal**.

2.9.2. Comparación entre Decimal, Hexadecimal y Binario. Cómo convertir un número hexadecimal a binario

Para convertir un número hexadecimal como **123A** en binario, se siguen estos pasos:

1. Primero, identifica cada dígito del número hexadecimal y escríbelo con su equivalente en binario.

- El número hexadecimal 1 se convierte en 0001.
- El 2 se convierte en 0010.

- El 3 se convierte en 0011.
- La letra A (que equivale a 10 en decimal) se convierte en 1010.

2. Si alguno de los valores binarios tiene menos de 4 dígitos, se agregan ceros a la izquierda para completar el grupo. Esto garantiza que cada dígito hexadecimal se represente con exactamente 4 bits.

3. Después, concatena (une) todos los grupos binarios en el mismo orden de izquierda a derecha. Así, para 123A, se obtiene: 0001 0010 0011 1010

4. Finalmente, puedes eliminar los ceros iniciales que no afectan el valor. Entonces, la conversión de 123A en binario es:
1001000111010.

Este método asegura que cualquier número hexadecimal pueda transformarse fácilmente en su representación binaria de manera directa.

2.9.3. Tipos de Datos

Las computadoras siguen conjuntos de instrucciones para realizar tareas como cálculos, procesamiento de textos y navegación web. Para procesar y presentar esa información utilizan distintos tipos de datos, cada uno con un propósito específico.

1. Los **caracteres** representan letras individuales, como "A" o "z". También pueden incluir símbolos como "@" o "#".

2. Las **cadenas (strings)** son secuencias de caracteres, por ejemplo, la palabra "Computadora" o incluso una oración completa como "Hola, ¿cómo estás?".

3. Los **enteros** son números completos sin decimales, como 8, 250 o -42. Se usan, por ejemplo, para contar elementos en una lista.

4. Los **flotantes (floats)** representan números con decimales o fracciones, como 3.14 o 0.75. Un ejemplo sería el cálculo del precio con impuestos incluidos.
5. Los **valores booleanos** expresan estados lógicos: verdadero o falso, sí o no. Por ejemplo, un programa puede usar un booleano para comprobar si un usuario ha iniciado sesión (True) o no (False).

2.9.4. Tipos de caracteres

El propósito de los sistemas de codificación de caracteres como **ASCII** y **Unicode** es asegurar que las computadoras puedan representar letras, números, símbolos y hasta emojis de manera uniforme en diferentes plataformas.

ASCII fue el primer estándar ampliamente adoptado. 1) Fue creado en 1963 y utilizaba un sistema de 7 bits que permitía representar 128 caracteres: letras mayúsculas y minúsculas, números, algunos símbolos y caracteres de control como "enter" o "tab". 2) Más adelante, se amplió a 8 bits, lo que permitió representar hasta 256 caracteres, dando cabida a más símbolos y signos utilizados en distintos idiomas occidentales. Por ejemplo, la letra "A" en ASCII tiene el valor decimal 65, que en binario se representa como 01000001.

Unicode surgió para superar la limitación de ASCII, ya que los idiomas del mundo tienen miles de caracteres. 1) Unicode no solo incluye el conjunto de caracteres ASCII, sino también alfabetos completos como el chino, árabe, hindi, además de símbolos matemáticos y emojis. 2) En la web, la forma más común de Unicode es **UTF-8**, que puede representar millones de caracteres. 3) En algunos lenguajes de programación se utilizan **UTF-16** o **UTF-32** para manejar caracteres de manera más eficiente.

Cada carácter en Unicode tiene un valor único llamado **punto de código**, que se escribe como U+hhhh. Por ejemplo, la letra “A” es U+0041, y el emoji de la cara sonriente 😀 es U+1F600.

Hoy en día, casi todas las páginas web y aplicaciones utilizan Unicode, lo que permite que un mensaje escrito en japonés, español e inglés al mismo tiempo se muestre correctamente en cualquier computadora o teléfono sin errores de codificación.

2.10. Evaluación del Rendimiento y Almacenamiento de la Computadora

Después de estudiar esta sección, usted podrá:

- Identificar los cuatro criterios clave de rendimiento del procesador
- Evaluar la disponibilidad de la Memoria de Acceso Aleatorio (RAM)
- Analizar la capacidad de almacenamiento de una computadora
- Evaluar las velocidades de red e identificar problemas comunes de conectividad

Los siguientes 4 componentes contribuyen al rendimiento:

- La velocidad del procesador
- El número de núcleos
- Los tipos y velocidades del bus, y
- La presencia de caché u otra memoria integrada

2.10.1. Velocidad del Procesador

La velocidad del procesador, una medida principal en informática, se calcula en función de la velocidad del reloj eléctrico en unidades de tiempo llamadas Hertz (Hz – una medida de ciclos por segundo). Los dispositivos más antiguos medían la velocidad del procesador en Megahercios (MHz – 1 millón de ciclos por segundo). Los recursos informáticos actuales se miden en Gigahercios

(GHz – 1 mil millones de ciclos por segundo) e incluso velocidades mayores.

2.10.2. Núcleos

Las velocidades más rápidas del procesador generalmente significan una finalización de tareas más rápida. Los núcleos, ubicados en el centro de la CPU, pueden procesar datos de manera conjunta o separada.

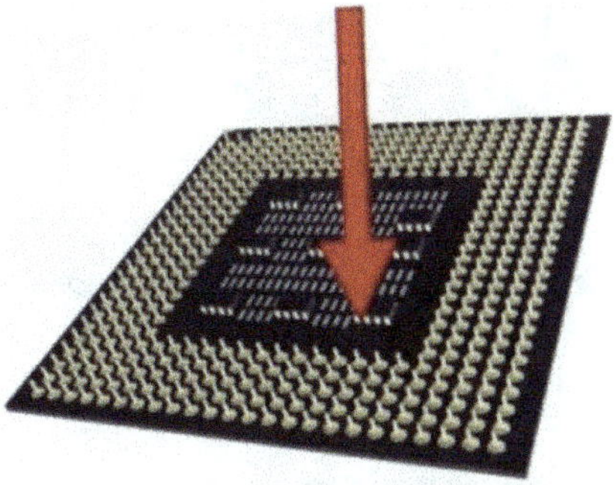

Figura 2.31: Núcleos de la CPU (1)

Datos sobre los núcleos de la CPU, Parte 1

- Ubicados en el centro de la CPU
- Pueden procesar datos de forma conjunta o separada
- Hasta 64 núcleos; la mayoría ofrece entre 2 y 8 núcleos
- La velocidad del reloj del núcleo es la velocidad a la que la CPU ejecuta procesos internos y accede a su caché

Si bien las CPU actuales pueden tener hasta 64 núcleos, la mayoría de los procesadores ofrecen entre 2 y 8 núcleos. Las velocidades de los núcleos, llamadas velocidades de reloj, se basan en la rapidez con la que la CPU ejecuta procesos internos y accede a su caché.

A continuación, los procesadores pueden tener múltiples núcleos. La presencia de más de un procesador o núcleo en la misma plataforma física se conoce como Multiprocesamiento Simétrico (SMP).

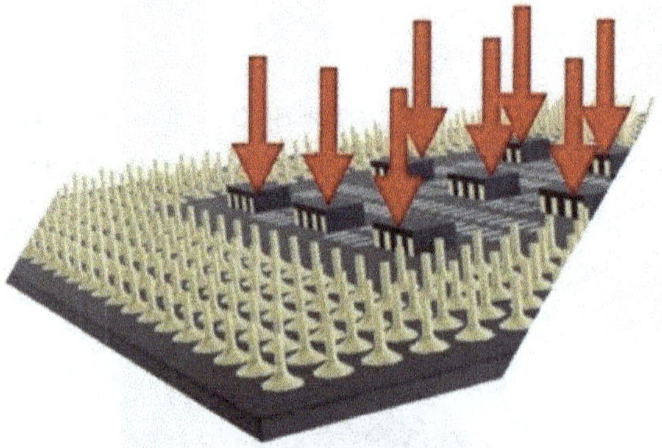

Figura 2.32: Núcleos de la CPU (2)

Datos sobre los núcleos de la CPU, Parte 2

- Más de un núcleo de procesador se conoce como procesamiento simétrico múltiple (SMP)
- Varios núcleos pueden compartir el procesamiento de tareas o procesarlas de manera independiente
- Muchos procesadores actuales ofrecen 4 núcleos o más
- Un mayor número de núcleos permite un procesamiento más rápido, dependiendo de la tarea

Varios núcleos pueden procesar tareas juntos o de forma independiente. Muchas computadoras personales actuales ofrecen 4 o más núcleos. Más núcleos pueden significar un rendimiento informático más rápido, pero ese resultado depende de la tarea.

2.10.3. Ubicaciones del bus

A continuación, los buses ubicados en el perímetro de la CPU actúan como la autopista de datos desde el procesador hacia otros componentes.

Figura 2.33: Ubicaciones del bus en una CPU

Los buses se encuentran en el perímetro del procesador. Son el cableado de la autopista de datos que conecta el procesador con otros componentes de la placa.

2.10.4. Tipos de Bus

Históricamente, las computadoras tenían 3 tipos de bus. El bus de direcciones, que transporta direcciones de memoria desde el procesador hacia la memoria y envía y recibe información de direcciones de memoria desde la CPU, el almacenamiento primario y los dispositivos de entrada/salida.

El bus de datos, que transporta datos hacia y desde el procesador, la CPU y los dispositivos de entrada/salida, y el bus de control, que transporta señales de control desde el procesador hacia la memoria y los dispositivos de entrada/salida.

2.10.5. Alternativas al Bus

Las nuevas tecnologías, como QuickPath Interconnect, PCI y PCI Express, HyperTransport, entre otras, están reemplazando a los buses tradicionales.

2.10.6. Caché

Cuando está disponible en la CPU, la memoria caché almacena temporalmente información y acelera las tareas, lo que puede ayudar a compensar velocidades más lentas del procesador.

2.10.7. Almacenamiento

Muchas computadoras de escritorio y portátiles admiten discos duros tradicionales, unidades de estado sólido, memorias flash portátiles y discos duros híbridos. En el gráfico mostrado en la Figura 2.51, se puede ver que las unidades de estado sólido son la opción de almacenamiento más rápida.

Diferentes tipos de unidades de almacenamiento

Tipo	**Capacidad**	**Velocidades**	**Hechos notables**
Unidad de disco duro (HDD tradicional)	16 GB a 20 TB	0.1 a 1.7 MB/s. 5,400 RPM a 10,000 r/min, la mayoría gira a 7,200 r/min	Más lento que un SSD
Unidades de estado sólido (SSD)	120GB a 30.72TB	600 MB/s, sin partes giratorias	Velocidades más rápidas

Memoria flash portátil	8 GB a 1 TB	Más lenta que el SSD, la velocidad depende del puerto y del cable de conexión	**Incluye:** Tarjetas SD, memorias USB y SSD externos
Unidad híbrida SSD/Flash/HDD	20 TB	272 MB/s a 291 MB/s	Algunas incluyen procesamiento de "sistema en un chip"

Un "SSD/Flash/HDD híbrido" significa que es principalmente un disco duro tradicional (HDD), pero con memoria flash integrada (no tan grande como un SSD real, pero suficiente para almacenar en caché o gestionar datos), lo que le otorga un mejor rendimiento que un HDD común, aunque no tan rápido como un SSD completo.

Al momento de redactar esto, no existe una unidad que sea simultáneamente un SSD completo y un HDD completo en un solo dispositivo. En su lugar, normalmente se trata de un HDD con una pequeña porción de SSD (memoria flash de caché).

Las unidades de almacenamiento híbridas, nuevas en el mercado, prometen mayor capacidad sin sacrificar la velocidad. Para evaluar la capacidad y disponibilidad de almacenamiento en disco en Windows 10, en la barra de tareas, escriba "Este equipo" en la barra de búsqueda (sin las comillas) y presione la tecla Enter/Return. Luego, haga clic en Abrir. Se mostrará la ventana de Este equipo. Dentro de "Dispositivos y unidades", puede ver el espacio disponible en el disco.

2.10.8. Memoria de Acceso Aleatorio (RAM)

A continuación, la Memoria de Acceso Aleatorio, también conocida como

RAM, proporciona memoria temporal que permite a las computadoras instalar software, mostrar sitios web, visualizar archivos y procesar ediciones de archivos en memoria antes de que esos cambios se guarden en el almacenamiento.

Figura 2.34: Memoria de Acceso Aleatorio y sus funciones

- Proporciona memoria temporal
- Gestiona instrucciones para tareas, como instalación de software, navegación web y compras, visualización de archivos, procesamiento de instrucciones, como la edición de archivos
- Actualizable en algunas computadoras
- Actualmente se vende en incrementos de gigabytes

La RAM es actualizable en algunas computadoras y actualmente está disponible en incrementos de gigabytes (GB).

Síntomas de errores de RAM

Cuando las máquinas se quedan sin RAM, se pueden experimentar pantallas que se "congelan" o dejan de funcionar, pestañas del navegador que muestran errores y se cierran, mensajes en pantalla de falta de memoria y otros errores, archivos dañados, sonidos de "pitidos" en la computadora y otros fallos, incluyendo la temida "pantalla azul de la muerte".

Figura 2.35: Pantalla Azul de la Muerte. "Su PC encontró un problema que no pudo manejar y ahora necesita reiniciarse".

Cuando ocurren errores de RAM, es recomendable revisar el uso de la memoria RAM. En computadoras con Windows 10 (Windows 11 es similar), en el campo de Búsqueda de la barra de tareas, escriba "Administrador de tareas". Seleccione la pestaña Rendimiento y consulte la sección Memoria.

También es importante verificar la computadora en busca de fallas de hardware. En el campo de Búsqueda de la barra de tareas de Windows, escriba "Diagnóstico de memoria de Windows". Siga las indicaciones para ejecutar el diagnóstico. Cuando se ejecuta la herramienta de diagnóstico, los errores de memoria relacionados con el hardware, si existen, se muestran en pantalla. Si se indica, actualice o reemplace la RAM.

2.10.9. Cómo medir la velocidad de la red

La velocidad de la red, también conocida como tasa de transferencia, se mide comúnmente en bits por segundo, aunque a veces verá mediciones en bytes por segundo. La mayoría del procesamiento de red se mide en megabits por segundo o gigabits por segundo.

Cómo medir la velocidad de una red inalámbrica

Una prueba de velocidad es una de las formas más rápidas de determinar la conectividad. Para hacerlo, abra un navegador web. Busque "prueba de velocidad" de su proveedor de internet o de una organización confiable como Ookla en www.speedtest.net. Siga las instrucciones en pantalla para realizar la prueba y ver sus resultados.

¿Qué pasa si la máquina no está conectada a internet y quiere determinar si está conectada a una red inalámbrica? En Windows 10, haga clic en el ícono de red inalámbrica en la bandeja de la barra de tareas. Haga clic en "Propiedades" para ver su conexión de red inalámbrica. Desplácese hasta el encabezado Propiedades y verifique su velocidad de enlace.

En Windows 11 (suponiendo que esté conectado a una red inalámbrica), vaya a "Configuración" o busque "Configuración" en el cuadro de búsqueda de la barra de tareas. Seleccione "Red e Internet" en los resultados. Vea la Figura 2.37."

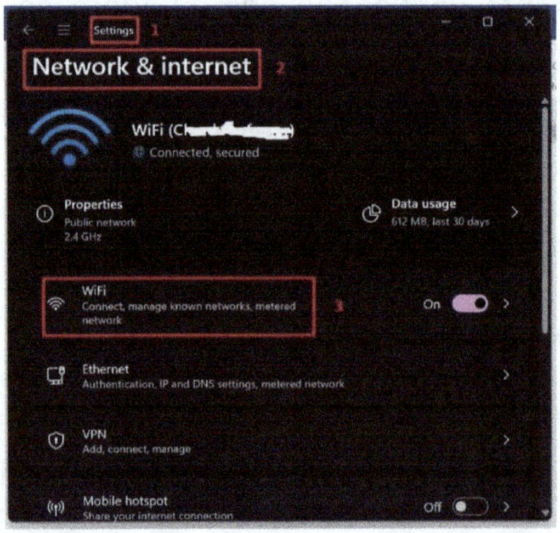

Figura 2.36: Cómo verificar la velocidad de enlace de red, parte 1

Seleccione “Wi-Fi”. En la siguiente pantalla, seleccione “Propiedades” haciendo clic en la flecha ubicada en el extremo derecho del nombre de su red.

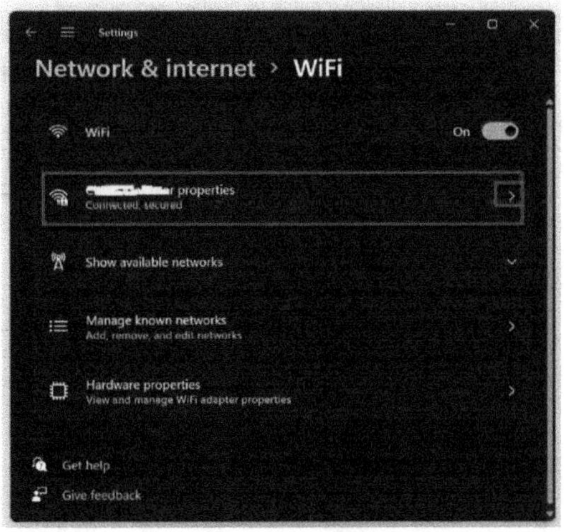

Figura 2.37: Cómo verificar la velocidad de enlace de red, parte 2

"En la siguiente pantalla, desplácese hacia abajo para ver su “Velocidad de enlace”. Vea la Figura 2.38."

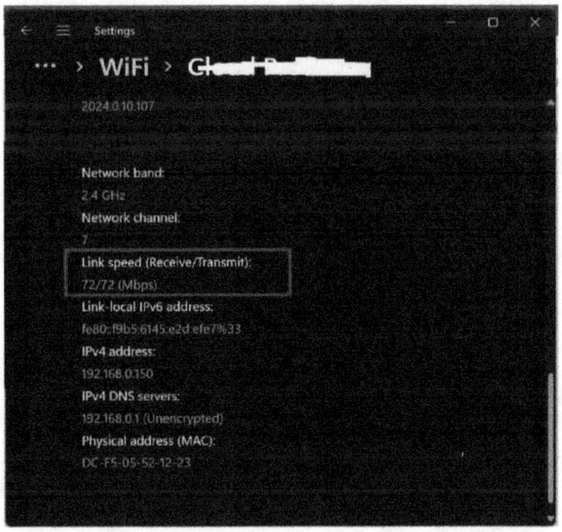

Figura 2.38: Cómo verificar la velocidad de enlace de red, parte 3

Cómo medir la velocidad de una red cableada

Si la computadora está conectada a la red mediante un cable Ethernet, puede verificar su conectividad a través de la Configuración de Ethernet. En el cuadro de búsqueda de la barra de tareas de Windows 10/11, escriba "Configuración de Ethernet" y haga clic en Abrir. Desplácese hacia abajo en la ventana de Configuración hasta la sección Propiedades y consulte su Velocidad de enlace.

2.11. Cuestionario de práctica 1

Use una nueva hoja de notas o un archivo de Word para responder este breve cuestionario.

Tiempo permitido: 10 minutos.

1. ¿Cuál es el primer software que se ejecuta cuando enciende su computadora?
2. ¿Cuál es un método que protege la información en código?
3. ¿Cuál es el sistema de reglas para dar formato y proteger datos?
4. ¿Cuál es el software con una interfaz entre los usuarios y los servicios?
5. Identifique cinco utilidades útiles de Windows.

2.11.1. Respuestas al cuestionario de práctica 1

1. BIOS
2. Cifrado
3. Administración de políticas
4. Sistema operativo
5. Diagnósticos de Windows, monitor de rendimiento, visor de eventos, editor del registro y administrador de tareas.

3.0. Componentes y periféricos de hardware

3.1. Identificación de componentes y periféricos de hardware

Después de estudiar esta sección, podrá:

- Explicar la diferencia entre componentes internos y externos.
- Describir qué es un dispositivo periférico y qué hace.
- Aplicar lo aprendido para contrastar una interfaz, un puerto y un conector.

3.1.1. Componente de computadora

¿Qué es un componente de computadora? Es una parte física necesaria para el funcionamiento de la computadora, también llamada "hardware". Cada componente realiza una tarea específica. Los componentes pueden ser internos o externos. Los componentes externos se conectan mediante puertos y conectores. Los puertos son aberturas en los laterales de una computadora. Sin un componente determinado, como la CPU, un sistema informático no puede funcionar como se desea.

Componentes internos comunes

Un componente interno es una pieza de hardware ubicada dentro de la computadora. Un ejemplo es la Memoria de Acceso Aleatorio (RAM), que es la memoria de trabajo de la computadora. Es temporal y almacena los elementos con los que se está trabajando mientras la energía esté encendida. Si está trabajando en un documento y se apaga la energía, el documento se pierde.

El disco duro, también llamado disco rígido, es un almacenamiento permanente en el que se puede guardar un archivo. Un archivo almacenado en el disco duro se conserva permanentemente y no se pierde si falla la energía.

La CPU realiza todos los cálculos matemáticos en una computadora. A menudo se le llama el cerebro de la computadora. Cuanto más rápida sea la CPU, más tareas podrá realizar la computadora al mismo tiempo.

Periféricos

Un periférico es un dispositivo que se conecta a una computadora para proporcionar funcionalidad adicional. Se utiliza en la transferencia de datos hacia o desde una computadora. Los periféricos se pueden conectar y desconectar fácilmente de un sistema informático. Los periféricos se conectan a la computadora mediante un conector. El tipo de conector varía según el periférico. Ejemplos incluyen un mouse, un teclado y una impresora.

Hay tres tipos de periféricos:

1. Dispositivos de entrada, que envían comandos y datos a la computadora.
2. Dispositivos de salida, que reciben comandos desde la computadora.
3. Dispositivos de almacenamiento, que son un tipo de memoria permanente para los archivos que desea conservar indefinidamente.

Conectores para componentes

Un conector es el extremo único de un enchufe, jack o el borde de una tarjeta que se conecta a un puerto. Por ejemplo, todas las tarjetas de expansión de computadoras de escritorio tienen un conector interno que les permite conectarse en una ranura de la placa base. Un conector de Bus Universal en Serie (USB) en el extremo de un cable es un ejemplo de conector externo.

Figura 3.1: Ejemplos de conectores

Un conector se enchufa en una abertura de la computadora llamada puerto. Un puerto es la entrada o receptáculo en el que se conecta un dispositivo periférico. Los puertos están estandarizados para cada propósito. Algunos puertos comunes son los puertos de Bus Universal en Serie (USB) y los de Interfaz Multimedia de Alta Definición (HDMI). El puerto HDMI mostrado en la Figura 3.2 podría usarse para conectar un monitor.

Figura 3.2: Puerto HDMI (izquierda) y conector HDMI (derecha)

3.2. Impresoras y escáneres

Después de estudiar esta sección, podrá:

- Describir qué hace un dispositivo de salida.
- Instalar una impresora en Windows.
- Identificar los tipos de impresoras que utiliza una computadora.

3.2.1. Dispositivos de salida

La entrada a la computadora se procesa como datos y se muestra o se entrega mediante un dispositivo de salida. Un dispositivo de salida es cualquier pieza de hardware que convierte la información en una forma legible para los humanos. Esa salida puede ser texto, gráficos, táctil, audio o video.

Ejemplos de dispositivos de salida incluyen monitores, impresoras, altavoces, auriculares, proyectores, dispositivos GPS, tarjetas de sonido, tarjetas de video, lectores ópticos de marcas y lectores de braille. Un sintetizador de voz produce una salida verbal similar al habla humana.

Una computadora puede funcionar sin un dispositivo de salida. Sin embargo, sin un dispositivo de salida no hay forma de determinar qué está haciendo la computadora. No hay indicador de errores ni de la necesidad de una entrada adicional. Por ejemplo, si desconecta su monitor de la computadora, esta seguirá funcionando, pero no podrá ver nada.

Impresoras

Una impresora es simplemente una máquina que coloca texto o imágenes en papel. Existen cuatro tipos principales: láser, LED, inyección de tinta y térmica.

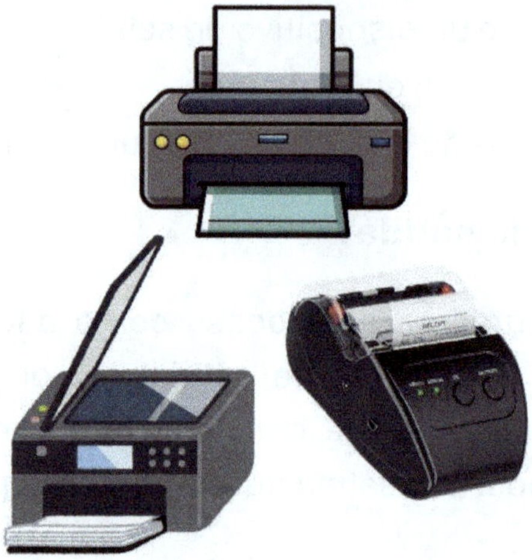

Figura 3.3: Ejemplos de impresoras (izquierda: Láser, centro: Inyección de tinta, derecha: Térmica)

Las impresoras láser utilizan una unidad calentada conocida como fusor para fijar el tóner al papel. Las impresoras LED, al igual que las impresoras láser, tienen un tambor fotorreceptor cuya superficie se carga positivamente con electricidad estática mediante un cable de alto voltaje. El papel luego pasa entre dos rodillos calentados, fusionando el tóner a la página antes de salir de la impresora. Vea este video para aprender más sobre cómo funcionan el motor y el tóner de una impresora láser:

https://www.youtube.com/watch?v=oQlceFYtzYQ.

Las impresoras de inyección de tinta tienen un cabezal de impresión que contiene miles de diminutos orificios. Estas aberturas colocan microscópicas gotas de tinta sobre el papel muy rápidamente. Las máquinas de inyección de tinta utilizan una tinta líquida producida ya sea por un tinte de color o por un líquido que contiene pigmentos sólidos. Las impresoras térmicas calientan un papel especialmente recubierto para volver secciones en negro y se utilizan en terminales de punto de venta y máquinas de fax.

Impresoras compartidas

Una impresora en red está conectada a una red, utilizando Ethernet o Wi-Fi, siendo este último la opción más popular. Mientras que una impresora local se conecta mediante cable al dispositivo que la requiere, una impresora en red puede ser accedida por múltiples dispositivos simultáneamente en la misma red.

Una impresora basada en IP forma parte de una red IP. A menudo se refiere a computadoras Unix que utilizan un protocolo específico para imprimir. Al igual que una impresora basada en IP, una impresora basada en web puede recibir documentos a través de una red y mediante Internet, en lugar de una conexión directa a una computadora.

Cómo instalar una impresora en Windows 10

Para instalar o agregar una impresora local en Windows, siga estos pasos:

1. Seleccione el botón **Inicio** y luego **Configuración**.
2. Elija **Dispositivos** y haga clic en **Impresoras y escáneres**.
3. Seleccione **Agregar una impresora o un escáner**.
4. Espere a que Windows encuentre las impresoras cercanas.
5. Elija la impresora que desea usar y seleccione **Agregar dispositivo**.

Escáneres

Un escáner de imágenes, o simplemente escáner, escanea ópticamente imágenes, texto impreso o un objeto, y lo convierte de un formato analógico a una imagen digital. Esto crea una versión electrónica del documento que puede visualizarse en un monitor o pantalla y editarse en una computadora. La salida del escáner puede seleccionarse en diferentes formatos, incluido PDF.

Figura 3.4: Un escáner de superficie plana

Comúnmente utilizados en oficinas son las variaciones del escáner de superficie plana de escritorio, donde el documento se coloca sobre un vidrio para ser escaneado. Los escáneres de superficie plana han sido reemplazados por dispositivos multifunción.

Faxes y dispositivos multifunción

Una máquina de fax es un dispositivo que se utiliza para enviar documentos a través de una red telefónica. Las transmisiones pueden ser entre dos máquinas de fax, entre una máquina de fax y una computadora, o mediante un servicio de fax en línea.

Figura 3.5: Una máquina de fax Hp 640 de inyección de tinta

A menudo, las funciones de una impresora, un escáner y una máquina de fax se combinan en un solo dispositivo, conocido como dispositivo multifunción (o MFD, por sus siglas en inglés). Los MFD pueden usarse en lugar de impresoras, escáneres, fotocopiadoras y máquinas de fax independientes.

3.3. Dispositivos de entrada y señalamiento

Después de estudiar esta sección, podrá:

- Comparar dispositivos de entrada.
- Identificar qué dispositivos usan un panel táctil.
- Definir qué es un dispositivo de señalamiento.

3.3.1. Dispositivos de entrada

Figura 3.6: Ejemplos de dispositivos de entrada

Un dispositivo apuntador, como un teclado, ratón, joystick, panel táctil o bola de seguimiento, se utiliza para mover el cursor en la pantalla de una computadora. Todos los dispositivos apuntadores envían un comando en forma de datos a la computadora.

Teclado

Los **teclados** se utilizan principalmente para ingresar datos. Normalmente se conectan a la computadora a través de un puerto **USB (Universal Serial Bus)**, aunque las máquinas más antiguas pueden usar un puerto **PS/2 (Personal System/2) de IBM**. Para agregar una nueva distribución de teclado en **Windows 10**, sigue estos pasos:

1. Abre **Configuración**.
2. Selecciona **Hora e idioma**.
3. Selecciona **Idioma**.
4. En la sección **Idiomas preferidos**, selecciona el idioma predeterminado.
5. Selecciona el botón **Opciones**.
6. En la sección **Teclados**, selecciona el botón **Agregar un teclado**.
7. Selecciona la nueva distribución de teclado que quieras usar.

Puedes repetir estos pasos para agregar aún más distribuciones.

Mouse (Ratón)

El dispositivo de entrada más utilizado, principalmente para ingresar datos y mover el cursor, es el ratón o mouse. Generalmente se conecta a la computadora mediante un puerto USB (conexión por cable). También puedes conectar un mouse mediante una conexión inalámbrica por **Bluetooth**. En **Configuración de Windows** puedes cambiar los ajustes del mouse, como el tamaño del cursor.

Panel táctil (Touchpad)

Los paneles táctiles se utilizan con mayor frecuencia en las laptops. Están integrados en ellas y no necesitan conectarse externamente. Sin embargo, puedes comprar un panel táctil externo para una laptop y conectarlo a través de **USB o Wi-Fi**.

Cámara web

La cámara es otro dispositivo de entrada que produce una imagen digital en la computadora. Generalmente se conecta a través de un puerto **USB** (conexión por cable). También es posible conectarla mediante **Bluetooth** inalámbrico.

Figura 3.7: Arriba a la izquierda: Cámara web; Arriba a la derecha: Joystick; Abajo a la izquierda: Trackball; Abajo a la derecha: Lápiz óptico.

Joystick

Un joystick envía comandos a la computadora. Mueve el cursor y se usa con frecuencia para jugar. Puedes conectarlo a la computadora mediante un cable USB o una conexión inalámbrica por Bluetooth.

Trackball

Las trackballs también envían comandos a la computadora, aunque en gran medida han sido reemplazadas por los ratones. Las personas con problemas de movilidad pueden encontrar que la trackball es una alternativa más cómoda al ratón.

Un dispositivo apuntador es un tipo de herramienta de entrada. Como tal, puedes usarlo para mover el cursor y enviar comandos adicionales a la computadora.

Lápiz óptico

Un **lápiz óptico** o **stylus** suele utilizarse en las tabletas. La mayoría de los lápices funcionan mediante tecnología capacitiva, la cual se basa en el calor y la presión. Cuando presionas el lápiz sobre la pantalla, este detecta el calor y la presión y provoca una respuesta.

3.4. Unidades de Disco Duro

Después de estudiar esta sección, serás capaz de:

- Identificar un dispositivo de almacenamiento interno.
- Describir las características de un disco duro.
- Aplicar el conocimiento del rendimiento de los discos duros para elegir el mejor.

Un **dispositivo de almacenamiento** es un componente de hardware que puede usarse para guardar datos digitales en forma de imágenes, videos, audio y texto. Existen dos tipos de almacenamiento interno: **ROM** y **RAM**.

ROM significa *memoria de solo lectura*. Es no volátil, lo que significa que puede conservar datos incluso sin energía eléctrica. Se utiliza para iniciar o arrancar una computadora y para el almacenamiento permanente de datos.

La **RAM**, o *memoria de acceso aleatorio*, es lo opuesto a la ROM. Es volátil, es decir, almacenamiento temporal.

La **unidad de disco duro (HDD, por sus siglas en inglés)** es un tipo de dispositivo de almacenamiento interno, aunque también existen discos duros externos. Los discos duros están disponibles en ambos formatos y ofrecidos por diversos fabricantes.

Figura 3.8: Un disco duro

3.4.1. Características de los Discos Duros

Disco duro y unidad de disco duro (o HDD) se utilizan de manera intercambiable. Los discos duros funcionan mediante un cabezal de lectura/escritura que graba y lee datos en platos magnéticos. La unidad de 2.5 pulgadas se usa en computadoras portátiles y dispositivos móviles. Tienen menos capacidad que las unidades de 3.5 pulgadas (de escritorio).

Los discos duros estándar para escritorios van desde 500 GB (o menos) hasta varios terabytes (TB) o más grandes. Sin embargo, debido a la accesibilidad del almacenamiento en la nube, el usuario común no suele necesitar un disco duro de gran capacidad.

Serial Advanced Technology Attachment (SATA) es el tipo de disco duro más común en las computadoras modernas, aunque muchas placas base también son compatibles con unidades Parallel Advanced Technology Attachment (PATA), que son más lentas que las SATA.

Cómo Evaluar la Capacidad de Almacenamiento en Disco

Para evaluar la capacidad y disponibilidad de almacenamiento en disco en

Windows 10, en el cuadro de búsqueda de la barra de tareas escribe *Este equipo* y presiona **Enter**. Selecciona **Abrir**. Se muestra la ventana de *Este equipo*. Luego, en *Dispositivos y unidades*, visualiza el espacio en disco disponible.

Rendimiento del disco duro

El rendimiento de un disco duro se mide por la **velocidad de giro**, el **tiempo de acceso** y la **tasa de transferencia**.

Velocidad de giro (o RPM) se refiere a qué tan rápido giran los platos magnéticos. Los platos deben girar más rápido para aumentar el rendimiento de un disco duro, por lo que mientras más rápido giren, mejor será el rendimiento. Las dos velocidades más comunes en las unidades de disco duro (HDD) son **5400 rotaciones por minuto (RPM)** y **7200 RPM**.

Tiempo de acceso se refiere a qué tan rápido el disco duro puede localizar los datos almacenados en uno de los platos magnéticos. Los discos duros rápidos suelen tener tiempos de acceso de **5 a 10 milisegundos**.

Tasa de transferencia (a veces llamada **tasa de medios**) es la velocidad a la que los datos se transfieren hacia y desde el medio del disco (o el plato físico del disco). Se describe en Megabytes por segundo (MBPS).

Cómo instalar un disco duro interno

Siga estos 8 pasos para instalar un disco duro interno:

1. Primero, asegúrese de hacer una copia de seguridad de sus datos antes de conectar un disco duro interno.
2. Transfiera la carcasa del disco duro al nuevo disco (si existe). Algunas computadoras utilizan una carcasa especial para asegurar el disco duro.
3. Si su disco duro tiene una carcasa, retire todos los tornillos y extraiga

el disco duro antiguo.

4. Coloque el nuevo disco duro en la misma carcasa y fíjelo.
5. Inserte su nuevo disco duro en la ranura correspondiente.
6. Luego, asegure el disco duro utilizando los tornillos que vinieron con él. Idealmente, debe usar dos tornillos en cada lado del disco. Si el disco duro queda suelto, puede vibrar y ocasionar daños físicos.
7. Ahora, conecte la unidad a la placa base usando los cables SATA o PATA. Los cables SATA se pueden conectar en cualquier dirección.
8. Finalmente, conecte la fuente de alimentación al disco duro.

Cómo configurar un disco duro en Windows

Para configurar un disco duro en Windows, debe:

1. Iniciar sesión como administrador o como miembro del grupo de Administradores.
2. Hacer clic derecho en *Mi PC* y luego seleccionar *Administrar*.
3. En el árbol de la consola, seleccionar *Administración de discos*.
4. Para personalizar cómo ve sus discos y volúmenes en los paneles superior e inferior de la ventana, diríjase a *Superior* o *Inferior* en el menú *Ver*.
5. Seleccionar la vista que desea usar.
6. Elegir la apariencia de su preferencia.

3.5. Unidades ópticas y almacenamiento externo

Después de estudiar esta sección, podrá:

- Identificar cómo una unidad óptica graba datos
- Describir un dispositivo de almacenamiento externo
- Aplicar el conocimiento de los dispositivos de expansión para elegir el más adecuado para sus necesidades

3.5.1. Unidades ópticas

Los datos se escriben en medios ópticos (o discos) mediante dispositivos ópticos a través de un láser que presiona o "quema" el disco. Esto crea áreas hundidas (llamadas *pits*) y áreas elevadas (llamadas *lands*). El láser lee y escribe datos en la superficie reflectante del disco.

Los discos de una sola cara tienen una capa grabable para escribir datos. La capacidad de almacenamiento suele ser de 4.7 GB para un DVD-ROM y 700 MB para un CD. Los discos de doble cara tienen dos capas en las cuales grabar datos. Almacenan el doble de información que un disco de una sola capa.

Muchas personas suelen confundir los términos "disco" y "unidad de disco" en la actualidad. El término *unidad* originalmente se refería al mecanismo que movía el medio de almacenamiento. Por ejemplo, una *unidad de disquete* es el dispositivo en el que se inserta un disquete y que hace girar dicho disquete. Una *unidad de cinta* es el dispositivo que hace avanzar la cinta alrededor de los cabezales de lectura y escritura.

Originalmente, con un disco duro, la unidad estaba separada de los platos del disco. Solíamos cargar el disco duro dentro de la unidad de disco. Hoy en día, la unidad está incorporada. Así que, *unidad de disco duro* se refiere tanto al disco como a la unidad al mismo tiempo. También tenemos la *unidad de estado sólido* o *disco de estado sólido*, que no contiene ni mecanismos de unidad ni discos físicos.

Tipos de Unidades Ópticas

Figure 3.9: Tipos de Unidades Ópticas

Existen muchos tipos de unidades ópticas. Estos incluyen:

- CD-ROM
- CD-RW
- DVD-ROM
- DVD-RW
- Blu-ray, que tiene una capacidad de datos de 50 gigabytes (50 GB).

Los grabadores de CD y DVD, como las unidades CD-R y DVD-R, utilizan un láser para leer y escribir datos en los discos.

Unidades de Estado Sólido

Figura 3.10: Unidades de estado sólido (SSD)

Unidad de estado sólido (SSD)

Una unidad de estado sólido (SSD) utiliza conjuntos de circuitos integrados para almacenar datos, normalmente empleando memoria flash y funcionando como almacenamiento secundario permanente. También se le llama a veces *dispositivo de estado sólido* o *disco de estado sólido*, aunque los SSD carecen de los discos giratorios físicos y de las cabezas lectoras/escritoras móviles que usan las unidades de disco duro (HDD) y los disquetes.

Disco duro externo

Figura 3.11: Disco duro externo

Un disco duro externo es un medio excelente para realizar copias de seguridad y transferir archivos. Puede almacenar una gran cantidad de datos, incluidos documentos, hojas de cálculo, presentaciones, música y videos. La mayoría de los discos duros externos se conectan a una computadora a través de un puerto USB o una conexión eSATA. Muchos obtienen energía directamente del puerto USB de la computadora.

Cómo conectar un disco duro externo a una computadora

El SATA externo o eSATA es un conector SATA accesible desde fuera de la computadora, que proporciona la señal (pero no la energía).

1. Si el disco duro externo requiere un cable de alimentación, conéctalo a la parte trasera del disco duro. El extremo del cable que se conecta al disco duro suele ser un conector redondo pequeño.

2. Conecta el otro extremo del cable de alimentación a una toma de corriente. Si no se requiere cable de alimentación, salta al siguiente paso.

3. Conecta el cable USB al disco duro externo.

4. Conecta el otro extremo del cable USB a un puerto USB de la computadora.

5. Una vez conectado el disco duro externo a la computadora, el sistema operativo debería reconocerlo automáticamente. La computadora debería encontrar e instalar los controladores necesarios.

6. En Windows, el Explorador de archivos puede abrirse automáticamente mostrando el contenido del disco duro externo. Si el Explorador de archivos no se abre automáticamente, ábrelo manualmente y localiza la unidad.

Unidad de expansión

Una unidad de expansión proporciona almacenamiento adicional para una colección de archivos en constante crecimiento. Normalmente se conecta a la computadora mediante una conexión USB. Estas unidades consolidan archivos en una sola ubicación y liberan espacio en la computadora. La unidad es reconocida automáticamente por el sistema operativo Windows, por lo que no es necesario instalar ni configurar software.

Figure 3.12: Una unidad flash (unidad de expansión)

Un ejemplo de unidad de expansión es una unidad USB (o memoria flash). Estas unidades tienen una capacidad de almacenamiento de hasta 2 terabytes (2 TB).

Unidades Flash

Una unidad flash USB es un dispositivo de expansión que incluye memoria flash con una interfaz USB integrada. Suele ser extraíble, regrabable y mucho más pequeña que un disco óptico. La mayoría pesa menos de 1 oz.

Desde su aparición en el mercado a finales del año 2000, como prácticamente todos los demás dispositivos de memoria informática, las capacidades de almacenamiento han aumentado mientras que los precios han disminuido. A partir de 2025, las unidades flash de 4 TB eran las de mayor capacidad disponibles en términos de almacenamiento. Se considera que algunas pueden durar entre 10 y 100 años en circunstancias normales (tiempo de almacenamiento en estantería).

Tarjeta de Memoria

Una tarjeta de memoria se utiliza para almacenar información digital, normalmente mediante memoria flash. Son de uso común en dispositivos portátiles como cámaras digitales, teléfonos móviles, computadoras portátiles y reproductores de medios portátiles. La tarjeta se guarda dentro del dispositivo; esto la diferencia de las unidades USB."

Figure 3.13: Figura 3.13: Una tarjeta de memoria

Las tarjetas de memoria están disponibles en formatos Secure Digital (SD) y Micro Secure Digital (MSD). Las capacidades de datos más comunes son 32 GB, 64 GB y 128 GB. Algunas de las tarjetas de memoria de última generación ofrecen capacidades de hasta 512 GB.

Reproductores de medios portátiles y teléfonos inteligentes

Los reproductores de medios portátiles y los teléfonos inteligentes son otros tipos de dispositivos de almacenamiento. Un reproductor de medios portátil es cualquier tipo de dispositivo electrónico capaz de manejar medios digitales. Según el dispositivo, los tipos de archivos multimedia que pueden reproducirse incluyen música digital, audiolibros y video.

Figura 3.14: Reproductor MP3 y Teléfono inteligente

Un reproductor multimedia móvil suele ser parte de un teléfono inteligente. Es importante comprender la diferencia entre la memoria interna y la memoria externa (o expandible). La memoria interna es el espacio de almacenamiento instalado por el fabricante, normalmente de 16 GB, 32 GB o 64 GB, donde se instalan el sistema operativo, las aplicaciones preinstaladas y otro software del sistema.

La cantidad total de almacenamiento interno no puede ser aumentada ni reducida por el usuario, por lo que, si tu teléfono solo tiene 16 GB de almacenamiento interno y no cuenta con ranura de expansión, ese será todo el espacio de almacenamiento que tendrás disponible. Y recuerda que parte de este espacio ya estará ocupado por el software del sistema.

La memoria externa, o expandible, se refiere a una tarjeta microSD extraíble o a un formato similar. Sin embargo, no todos los teléfonos incluyen esta capacidad de almacenamiento adicional. Si el espacio para música, imágenes u otros archivos añadidos por el usuario es importante para ti, la posibilidad de agregar otra tarjeta de 32 GB o incluso 64 GB debería ser una consideración clave.

3.6. Dispositivos de Visualización

Después de estudiar esta sección, serás capaz de:

- Definir e identificar los tipos de dispositivos de visualización.
- Enumerar cómo ajustar las propiedades de visualización.
- Identificar la instalación y la eliminación de dispositivos de visualización.

Un dispositivo de visualización es un componente de hardware para la salida de información en forma visual. Las personas con discapacidad visual pueden elegir un monitor táctil que presenta la información en un formato legible al tacto con las yemas de los dedos. Las aplicaciones más comunes de los dispositivos de visualización son los televisores y los monitores de computadora.

3.6.1. Monitores de Tubo de Rayos Catódicos (CRT)

Figura 3.15: Un tubo de rayos catódicos (CRT)

Un monitor de tubo de rayos catódicos (o CRT) es un dispositivo analógico que crea una imagen en la pantalla dirigiendo tres haces de electrones sobre millones de puntos de fósforo para iluminarlos. Los monitores CRT se usaron comúnmente en televisores y monitores de computadora a lo largo de mediados y finales del siglo XX. Para 1990, la pantalla de matriz gráfica extendida (XGA) de IBM ofrecía 16.8 millones de colores en una resolución de 800 x 600 píxeles.

3.6.2. Monitores de Pantalla Plana

Las pantallas planas también se conocen como monitores de cristal líquido (LCD) o de transistor de película delgada (TFT). Una señal digital controla el valor de color de cada elemento de imagen o píxel. Reemplazaron a los monitores analógicos CRT, más grandes y pesados.

3.6.3. Pantallas táctiles

Las pantallas táctiles utilizan un panel táctil en una pantalla electrónica. Su tecnología capacitiva mide el calor y la presión.

Figura 3.17: Un dispositivo con pantalla táctil

A menudo se encuentran en teléfonos inteligentes, laptops y tabletas.

3.6.4. Proyectores

Los proyectores son dispositivos de salida que pueden tomar imágenes de una computadora y mostrarlas en una pantalla, pared u otra superficie. La superficie sobre la que se proyecta suele ser grande, plana y de color claro, como una pared o un pizarrón blanco.

Figura 3.18: Un proyector

Las imágenes proyectadas son estáticas (como diapositivas) o en movimiento.

3.6.5. Cómo ajustar las propiedades de visualización de un monitor

La resolución de pantalla se refiere a la claridad del texto y de las imágenes que se muestran en tu pantalla. En resoluciones más altas, como 1600 × 1200 píxeles, los elementos aparecen más nítidos. Los monitores CRT más antiguos generalmente muestran una resolución más baja de solo 800 × 600 o 1024 × 768 píxeles.

Para ajustar las propiedades de la pantalla de un monitor en Windows 10:

1. **Haz clic derecho en el escritorio** y selecciona **Configuración de pantalla**.

2. En **Pantalla**, puedes:

- Cambiar la **resolución** (nitidez del texto e imágenes).
- Ajustar la **escala y el diseño** (tamaño del texto, aplicaciones y otros elementos).
- Reorganizar o seleccionar varias pantallas si hay más de un monitor conectado.

3. Desplázate hacia abajo y haz clic en **Configuración de pantalla avanzada** para más opciones, como la frecuencia de actualización y la configuración de color.

4. Una vez realizados los ajustes, haz clic en **Aplicar** y confirma los cambios.

3.6.7. Cómo instalar dispositivos de pantalla

Windows utiliza la instalación plug-and-play. Windows localiza e instala un controlador de dispositivo cuando conectas el dispositivo. Los dispositivos intercambiables en caliente, como los monitores, no requieren reiniciar el sistema para conectarse o desconectarse. Si necesitas instalar un controlador de forma manual, busca el programa de instalación del controlador en el sitio web del proveedor, descárgalo y ejecútalo.

3.6.8. Cómo configurar varios monitores

Para permitir que tu PC reconozca varios monitores en Windows 10, sigue estos pasos:

1. Asegúrate de que tus cables estén conectados correctamente a los monitores.
2. Presiona la tecla de Windows + P.
3. Selecciona una opción de pantalla.

Tus opciones incluyen **Duplicar** (esto copiará tu pantalla en ambos monitores) o **Extender** (esto proyectará tu pantalla de manera uniforme en dos monitores).

3.6.9. Cómo desinstalar dispositivos de pantalla

Cómo desinstalar un dispositivo en Windows Para desinstalar un dispositivo en Windows, abre el Administrador de dispositivos seleccionando el botón de Inicio, escribe *Administrador de dispositivos* y presiona Enter.

Luego, sigue estos pasos:

1. Abre el menú **Ver** y selecciona **Mostrar dispositivos ocultos**.
2. Expande el nodo que representa el tipo de dispositivo que deseas desinstalar, luego haz clic derecho sobre el dispositivo y selecciona **Desinstalar**.
3. En el cuadro de diálogo **Confirmar la desinstalación del dispositivo**, si deseas eliminar también el paquete del controlador además de desinstalar el dispositivo, selecciona la opción **Eliminar el software del controlador de este dispositivo**.
4. Cuando estés listo para completar la operación, selecciona **Aceptar**.

Con algunos dispositivos, si el dispositivo permanece conectado al desinstalarlo, este podría continuar funcionando hasta que el sistema se reinicie.

3.7. Dispositivos de audio y video

Después de estudiar esta sección, podrás:

- Definir los dispositivos de audio y video.
- Explorar el uso de bocinas, micrófonos y auriculares con las computadoras.

- Evaluar la utilidad de las cámaras web.

Por sí sola, tu computadora no puede producir sonido. Los datos digitales de archivos de audio y video necesitan convertirse en algo que nuestros oídos puedan escuchar, y esto requiere hardware especializado y procesamiento en forma de **dispositivos de audio**.

3.7.1. Dispositivos de audio

Los dispositivos de audio se refieren a componentes que reproducen, graban o procesan sonido. Esto incluye micrófonos, reproductores de CD, amplificadores, consolas de mezcla, unidades de efectos y bocinas.

3.7.2. Dispositivos visuales

Los dispositivos visuales son unidades capaces de presentar imágenes electrónicamente en una pantalla. Normalmente, dichos dispositivos tienen un display de más de cuatro pulgadas medido en diagonal. Las imágenes pueden mostrarse en teléfonos inteligentes, monitores de computadora y computadoras portátiles.

3.7.3. Bocinas

Una bocina de computadora es un dispositivo de hardware de salida. Se conecta a una computadora para generar sonido. La señal utilizada para producir el sonido es creada por la tarjeta de sonido de la computadora.

Cómo configurar bocinas en Windows 10

Para configurar tus bocinas en Windows 10 (Windows 11 es similar), haz clic derecho en el ícono de la bocina en el área de notificación de la barra de tareas (o bandeja del sistema) y selecciona **Abrir configuración de sonido** para ir directamente a la pantalla de **Configuración de sonido**. Selecciona la ventana de **Configuración**, luego elige **Sistema**, y después selecciona **Sonido** en la barra lateral de la ventana.

Ubica la sección **Salida** en la pantalla de **Sonido**. En el menú desplegable titulado **Elige tu dispositivo de salida**, selecciona las bocinas que quieras usar como predeterminadas.

3.7.4. Micrófonos

Un micrófono, a veces abreviado como *mic*, es un periférico de hardware y dispositivo de entrada. Permite a los usuarios de computadora introducir audio en sus equipos.

Cómo instalar un nuevo micrófono en Windows 10

Para instalar un nuevo micrófono en Windows 10, sigue estos pasos:

1. Primero, asegúrate de que tu micrófono esté conectado a tu PC.
2. Luego selecciona **Inicio**, después **Configuración**, **Sistema** y **Sonido**.
3. Desplázate hasta **Entrada**.
4. Elige tu dispositivo de entrada.
5. Finalmente, selecciona el micrófono o dispositivo de grabación que deseas usar.

3.7.5. Auriculares

A veces llamados audífonos, los auriculares son un dispositivo de salida de hardware que se conecta a la salida de línea de una computadora o al puerto de altavoces. Los auriculares permiten escuchar audio sin molestar a las personas que están alrededor.

Cómo usar auriculares

Para usar un auricular, debes conectarlo de una de dos maneras: conectar un extremo del auricular a un puerto disponible en la PC o enlazarlo de forma inalámbrica. Si planeas usar una conexión por cable, podrías usar un conector de 3.5 milímetros.

Los auriculares más antiguos y económicos suelen tener el cable dividido al final con dos conectores de 3.5 mm, uno para la salida de audio y otro para el micrófono. Estos conectores suelen ser de color verde para los auriculares y rosa para el micrófono.

La siguiente opción, si planeas usar un puerto, es utilizar una conexión USB (Universal Serial Bus). Los auriculares con alimentación por USB ofrecen experiencias mejoradas, gracias a amplificadores en línea, controles y otras funciones que afectan la calidad del sonido.

Como alternativa, puedes usar una conexión inalámbrica. Los auriculares Bluetooth eliminan todos los cables entre el auricular y la computadora, lo que te permite sentarte más cómodamente sin temor a enredar los cables.

3.7.6. Cámaras web

Una cámara web transmite una imagen o video en tiempo real a una red, como Internet. Las cámaras web pueden utilizarse durante un chat de video y ofrecen un dispositivo compacto de grabación de video. Antes eran de muy baja calidad, pero las cámaras web modernas suelen ser de alta resolución con 1080p (píxeles) o alta definición (HD). Pueden estar integradas en las computadoras portátiles o conectarse mediante un **Universal Serial Bus (USB)**.

Cómo configurar una cámara web en Windows 10

Aquí te mostramos cómo configurar una cámara web en Windows:

1. Presiona la tecla de Windows o haz clic en *Inicio*.
2. Escribe *cámara* en el cuadro de búsqueda.
3. Selecciona la aplicación de cámara.

La aplicación de cámara se abrirá y la cámara web se encenderá, mostrando un video en vivo de ti mismo en la pantalla. Ahora puedes ajustar la cámara web para centrar tu rostro en la pantalla de video.

3.8. Prueba práctica 2

Usa lápiz y papel para relacionar cada uno de los tres componentes de hardware que se indican a continuación.

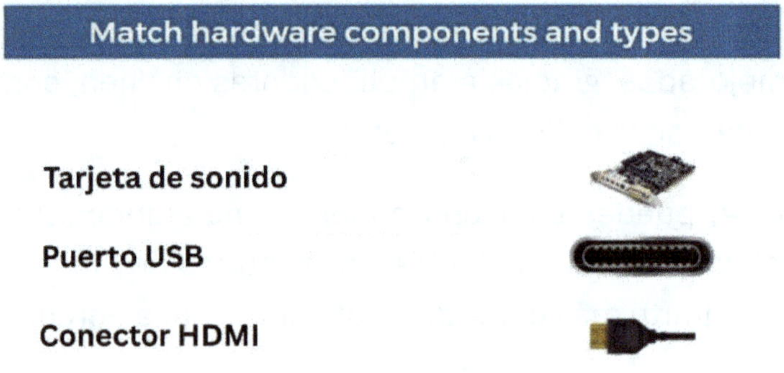

Figura 3.19: Prueba de práctica 1

3.8.1. Respuestas a la Prueba de práctica 2

1. Tarjeta de sonido (imagen superior)

2. Puerto USB (imagen del medio)

3. Conector HDMI"

4. Introducción a Interfaces, Periféricos y Conectores

Los múltiples componentes de una computadora, tanto internos como externos, interactúan constantemente entre sí para recibir entrada, ejecutar las funciones de cómputo solicitadas y proporcionar salida. A medida que la tecnología ha evolucionado y los métodos de conexión se han estandarizado, una amplia variedad de dispositivos externos ahora puede conectarse de manera sencilla y exitosa a las computadoras y desempeñar sus tareas de forma confiable.

En este capítulo aprenderás cómo el hardware y los dispositivos se conectan para formar una computadora funcional. Aprenderás sobre los puertos, interfaces y conectores que utilizan los dispositivos gráficos, de audio, de red, impresoras y otros periféricos. También aprenderás sobre los tipos de instalaciones que emplean estos dispositivos para volverse operativos.

4.1. Identificación de Puertos y Conectores

Después de estudiar esta sección, serás capaz de:

- Definir un puerto y un conector.
- Diferenciar entre un puerto y una interfaz.
- Identificar puertos y conectores comunes.

4.1.1. Puertos y Conectores

Los dispositivos se conectan a una computadora mediante puertos y conectores. Un **puerto** es un orificio o ranura que recibe un conector y permite que un dispositivo se conecte físicamente a una computadora. Un **conector** es el enchufe distintivo en el extremo de un cable, jack o tarjeta electrónica que puede conectarse físicamente a un puerto.

Cada puerto tiene una función única y acepta únicamente el conector diseñado específicamente para encajar en él. Ejemplos comunes de pares de puertos y conectores físicos incluyen el puerto USB, el puerto HDMI, el puerto DisplayPort y el puerto de altavoces. Véase la Figura 4.1.

Figura 4.1: Ejemplos de puertos y conectores

4.2. Interfaces

Una interfaz es el punto de comunicación entre dos o más entidades. Una interfaz puede ser de hardware o de software. Ejemplos de interfaces basadas en hardware incluyen el punto donde un puerto o tarjeta se conecta a la placa base de la computadora, el punto donde un dispositivo periférico se conecta a la computadora, o un dispositivo con pantalla táctil que registra las entradas humanas.

Las interfaces de software proporcionan rutas de comunicación entre las aplicaciones de software, el sistema operativo y el hardware.

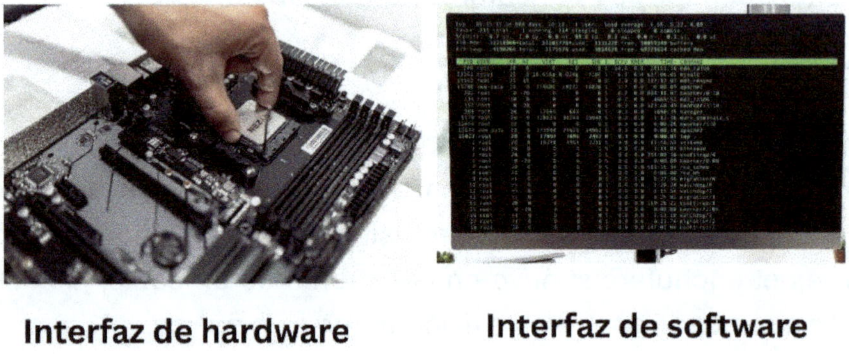

Figura 4.2: Ejemplos de interfaz de hardware e interfaz de software

Por ejemplo, los *drivers* son interfaces de software que permiten la comunicación entre el sistema operativo y los componentes de hardware de la computadora. Veamos más a fondo y aprendamos a identificar las interfaces y conectores más utilizados.

4.2.1. Bus Universal en Serie

El *Universal Serial Bus* (USB) fue creado por un consorcio de siete empresas para reemplazar la gran variedad de conectores disponibles en el mercado por un estándar común, fácil de usar y rápido, que pudiera emplearse en distintos dispositivos y periféricos. Desde su lanzamiento en 1996, el conector USB ha pasado por varias iteraciones.

Cuando el USB se lanzó por primera vez, admitía velocidades de 1.5 a 12 Mbits/segundo. También soportaba cuatro tipos diferentes de conectores: Tipo A, Tipo B, Mini A y Mini B. En 2001 se lanzó el USB 2 para aumentar las velocidades de transferencia de datos hasta 480 Mbits/segundo. Esta versión también añadió soporte para el conector Mini AB, e introdujo los conectores Micro A, Micro B y Micro AB.

La serie USB 3 trajo actualizaciones que elevaron las velocidades hasta 5 Gbits/segundo con USB 3.0 en 2008. El conector Tipo C fue lanzado junto con USB 3.1 en 2014, con velocidades de 10 Gbits/segundo. Este fue diseñado para ser compatible con todas las versiones anteriores de USB hasta USB 2. En 2017 se lanzó USB 3.2, alcanzando velocidades de 20 Gbits/segundo. En esta versión se descontinuaron los tipos de conectores Mini.

USB 4, basado en las especificaciones de los protocolos Thunderbolt 3 y 4, se lanzó en 2019 y sigue siendo la versión más avanzada de los dispositivos USB. Admite velocidades de hasta 40 Gbits/segundo a través de un conector Tipo C.

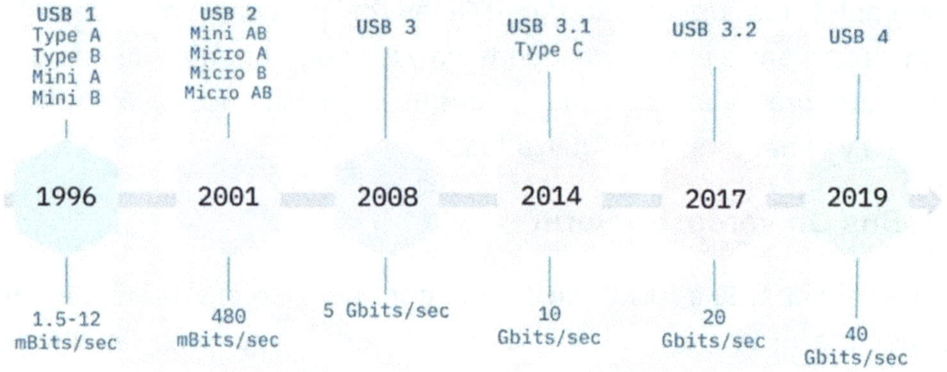

Figura 4.3: Series e iteraciones de conectores USB lanzados desde 1996

4.2.2. Conectores USB

El puerto USB Tipo A tiene una forma rectangular alargada con cuatro pines y transporta tanto datos como energía. Se utiliza típicamente para teclados y ratones. El puerto Tipo B es casi cuadrado, con las esquinas superiores exteriores biseladas. Estos también tienen cuatro pines y se usan principalmente con impresoras, escáneres y dispositivos similares.

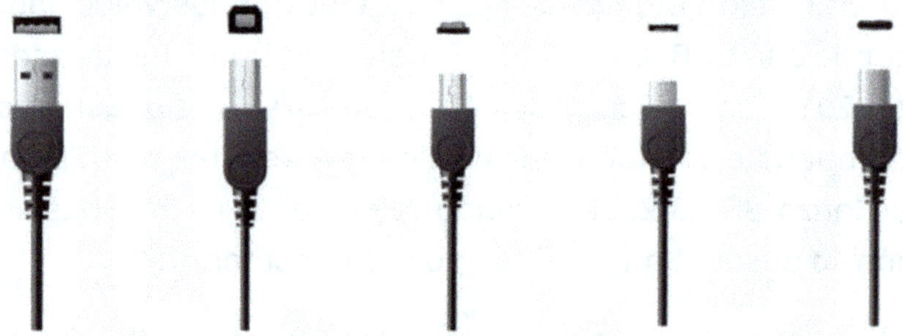

Figura 4.4: Diferentes tipos de conectores USB: Tipo A, Tipo B, Mini, Micro USB, Tipo C (de izquierda a derecha)

Los **puertos Mini USB** se introdujeron para usarse con dispositivos más pequeños, como cámaras digitales, teléfonos móviles y tabletas. Tienen nueve pines y son más pequeños que los de Tipo A o B, y el doble de gruesos que los puertos Micro USB. Los **puertos Micro USB** tienen un ancho similar al Mini USB, pero son mucho más delgados y cuentan solo con cinco pines. Estos fueron diseñados para reemplazar a los puertos Mini en dispositivos más pequeños.

Finalmente, el **Tipo C de 24 pines** con un conector reversible está diseñado para ser a prueba de futuro y reemplazar a varios conectores Tipo A y B.

4.2.3. Thunderbolt

Thunderbolt es una interfaz de hardware de uso común desarrollada por Intel y Apple. Originalmente fue comercializada bajo el nombre "Light Peak", pero más tarde fue renombrada como Thunderbolt. La interfaz Thunderbolt es muy versátil, ya que combina transferencia de datos, video y energía en un solo cable. Permite conectar hasta seis dispositivos periféricos mediante una cadena en serie (*daisy chain*).

Las interfaces Thunderbolt cuentan con cuatro versiones. Las **versiones 1 y 2** utilizan los mismos conectores que un Mini DisplayPort (MDP). Las **versiones 3 y 4** reutilizan el conector USB-C. Mientras que Thunderbolt 3 duplicó la tasa de transferencia de datos a **40 Gbit/segundo**, Thunderbolt 4 ofrece compatibilidad con el protocolo y tasas de datos de **USB-4**, soporta pantallas duales en 4K, y también admite **Thunderbolt Alternate Hubs USB** además de la conexión en cadena (*daisy chaining*).

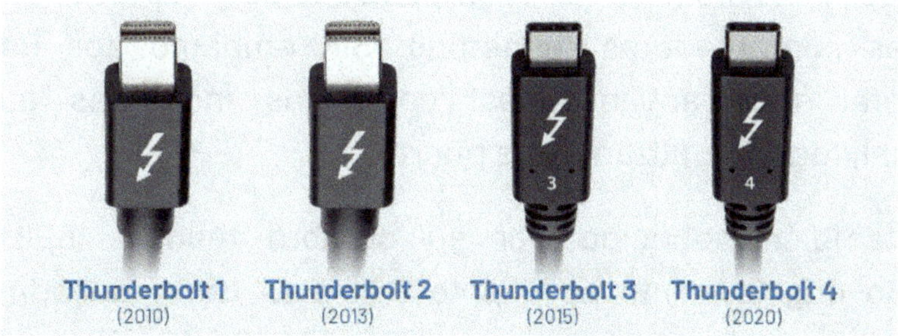

Figura 4.5: Interfaces Thunderbolt

Todos los puertos Thunderbolt se identifican mediante el símbolo de Thunderbolt para diferenciarlos de los puertos MDP y USB-C normales.

4.2.4. FireWire

Antes de Thunderbolt, FireWire era una interfaz popular en las computadoras Macintosh y es comparable a la interfaz USB moderna. Viene en varias formas: el conector 400 es más delgado, con un lado redondeado, y el conector más rápido 800 parece una versión más gruesa del USB.

Los puertos FireWire utilizan una arquitectura de bus serie para transferir información un bit a la vez. Esto los hace más ligeros y económicos que los buses paralelos, que emplean varias conexiones físicas diferentes.

Figura 4.6: Cable FireWire

Las interfaces FireWire han sido reemplazadas por interfaces Thunderbolt y USB en las computadoras modernas. Sin embargo, los usuarios con computadoras más antiguas, así como las industrias automotriz y aeroespacial, todavía utilizan estos puertos.

FireWire, también conocido por su nombre técnico IEEE 1394, fue desarrollado originalmente por Apple a finales de la década de 1980 y estandarizado a mediados de la década de 1990. Su principal ventaja en ese momento era su capacidad para soportar altas velocidades de transferencia de datos, conexión en caliente (hot swapping) y comunicación de igual a igual (peer-to-peer). Esto significaba que los dispositivos podían conectarse directamente entre sí sin necesidad de que una computadora actuara como intermediaria, algo que USB 1.0 y 2.0 no podían hacer de manera eficiente en sus primeros años.

Uno de los casos de uso más fuertes de FireWire fue en la industria multimedia. Las cámaras de video profesionales, los discos duros externos y las interfaces de audio a menudo dependían de las conexiones FireWire debido a su capacidad para mantener tasas de transferencia consistentes. A diferencia de USB, que a veces requería que el procesador de la computadora administrara las transferencias de datos, FireWire proporcionaba un ancho de banda dedicado y menor latencia, lo cual era fundamental para la edición de video y la grabación de audio profesional.

Existieron dos versiones principales: FireWire 400 (IEEE 1394a) y FireWire 800 (IEEE 1394b). FireWire 400 ofrecía velocidades de hasta 400 Mbps, mientras que FireWire 800 duplicaba esa velocidad a 800 Mbps e introducía un nuevo estilo de conector. Estas velocidades fueron revolucionarias a finales de los años 1990 y principios de los 2000, especialmente para los profesionales creativos que trabajaban con archivos de video grandes. FireWire también soportaba longitudes de cable de hasta 4.5 metros por segmento y permitía la conexión en cadena (daisy chaining) de hasta 63 dispositivos sin necesidad de un concentrador (hub).

Otra característica destacada de FireWire era su capacidad de suministrar energía directamente a través del cable, de forma similar a USB. Esto significaba que los discos duros externos y ciertas cámaras podían funcionar sin un adaptador de corriente adicional, mejorando la portabilidad y comodidad para los usuarios. Su capacidad de comunicación de igual a igual también permitía conectar directamente dos computadoras mediante FireWire, una función utilizada por Apple en el "Target Disk Mode", que permitía que una Mac arrancara otra directamente como si fuera un disco duro externo.

A pesar de sus ventajas, FireWire perdió la competencia frente a USB en cuanto a adopción masiva. USB era más barato de implementar, obtuvo un apoyo más amplio de los fabricantes de PC y evolucionó rápidamente en velocidad y versatilidad. Aunque FireWire 800 era más rápido que USB 2.0, la llegada de USB 3.0—con velocidades de hasta 5 Gbps—hizo que FireWire quedara obsoleto para la mayoría de los usuarios comunes.

Aunque FireWire ha sido eliminado de la mayoría de los dispositivos de consumo, todavía tiene un lugar en ciertas industrias especializadas. La ingeniería aeroespacial y automotriz continúa utilizando FireWire en sistemas especializados debido a su fiabilidad, transferencia de datos isócrona (entrega en tiempo real) y robustez en entornos críticos. Algunos equipos de audio y video heredados también siguen funcionando mejor con conexiones FireWire, lo que hace que los adaptadores y las tarjetas de expansión sigan siendo valiosos para los profesionales que trabajan con hardware antiguo.

En retrospectiva, FireWire desempeñó un papel significativo en la formación de los estándares modernos de conectividad. Su soporte para conexión en caliente, conexión en cadena y transferencia de datos a alta velocidad influyó en tecnologías posteriores como Thunderbolt, que combinó la velocidad de FireWire con la versatilidad de USB-C. Aunque ya no es una característica estándar en las computadoras actuales, FireWire sigue siendo un hito importante en la evolución de las interfaces de computadora.

4.2.5. PS/2

Los puertos PS/2 fueron desarrollados por IBM para su serie de computadoras *IBM Personal System 2* y reciben su nombre de ellas. Son redondos y tienen seis pines para la conectividad. Estos puertos fueron diseñados específicamente para conectar el teclado y el ratón a la computadora.

Figura 4.7: Puertos PS/2

Aunque los dos puertos PS/2 parecen idénticos, no son intercambiables y se identifican por diferentes colores y símbolos. Aunque el puerto PS/2 se considera un puerto heredado, las PC modernas aún pueden incluirlos, ya que son preferidos por los entusiastas de los videojuegos, los usuarios de sistemas heredados y en aplicaciones industriales.

4.2.6. eSATA & eSATAp

eSATA es el puerto más popular para conectar dispositivos de almacenamiento externo, como discos duros externos, a las computadoras. eSATA permite el *hot swapping*, que es la sustitución o adición de dispositivos externos sin detener, apagar o reiniciar el sistema anfitrión.

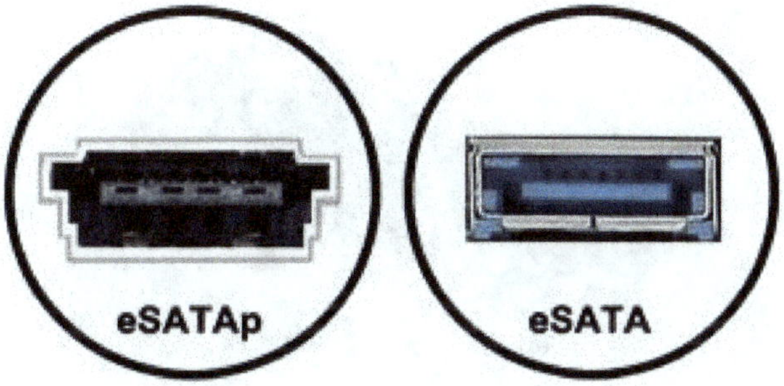

Figura 4.8: eSATA y eSATAp

Desde 2008, eSATA ha sido mejorado al interfaz eSATAp, que permite conectar tanto dispositivos eSATA como USB a través del mismo puerto. eSATA ha pasado por tres revisiones principales, y las velocidades de transferencia de datos se han duplicado con cada revisión.

4.3. Identificación de Dispositivos Gráficos

Después de estudiar esta sección, usted podrá:

- Describir cómo operan los dispositivos gráficos en una computadora.
- Enumerar las características del sistema de visualización.
- Reconocer los diferentes tipos de conectores de pantalla y su uso.

4.3.1. Unidad de Visualización

Las computadoras se comunican con una unidad de visualización, como un monitor, utilizando tarjetas de video llamadas **Unidad de Procesamiento Gráfico (GPU, por sus siglas en inglés)**. Las tarjetas gráficas genéricas están integradas en la placa base de la computadora y son adecuadas para los requerimientos de cómputo cotidianos.

Las tareas con alta demanda gráfica, como la edición multimedia y los videojuegos en 3D, requieren **adaptadores gráficos especializados de alto rendimiento**.

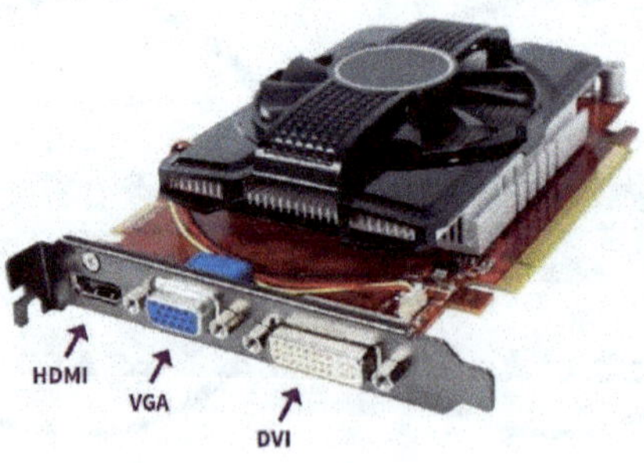

Figura 4.9: Una GPU con un ventilador de enfriamiento en la parte superior

Conjuntos de chips Radeon de AMD, conjuntos de chips GeForce y nForce de nVIDIA, y otros adaptadores de SiS, Intel y Via son productos populares en el mercado.

Sistema de Pantalla

Al seleccionar una pantalla de computadora, la resolución, la frecuencia de actualización y la profundidad de bits o de color desempeñan un papel importante. La **resolución** es el número de píxeles horizontales y verticales, lo cual determina la claridad de una imagen o texto.

La **frecuencia de actualización**, basada en qué tan rápido se actualiza la pantalla para mostrar una nueva imagen, gobierna la calidad de la reproducción de video, mientras que la **profundidad de bits**, que describe el número total de colores admitidos, dicta qué tan cercanos a la realidad se ven los colores.

Resoluciones, frecuencias de actualización y profundidades de bits más altas resultan en imágenes de mayor calidad, reproducción de video más fluida y pantallas de color verdadero. La calidad de la pantalla está directamente vinculada a la cantidad de potencia de procesamiento requerida por la Unidad de Procesamiento Gráfico o **GPU**. Por supuesto, es posible mostrar imágenes y videos de baja resolución en una pantalla de gama alta, reduciendo así la necesidad de potencia de procesamiento gráfico.

4.3.2. Sistema de Pantalla VGA

Las pantallas iniciales usaban tubos de rayos catódicos (CRT) con una relación de aspecto de ancho a alto de 4:3. Estas pantallas admitían los estándares Video Graphic Array (VGA). El primer estándar VGA admitía 640 x 480 píxeles con una pantalla de 4 bits (16 colores) a 60 Hz.

ere's the Spanish translation of your passage, keeping it clear and aligned with a technical textbook style:

"Esto fue reemplazado por el estándar SVGA, que soportaba una resolución de 800 x 600 y colores de 4 u 8 bits. La siguiente iteración, utilizando los estándares XVGA, soportaba pantallas de 1024 x 768 píxeles, colores de 16 o 32 bits, y una mayor tasa de refresco. Todas estas pantallas usaban una relación de aspecto de 4:3 (ancho a alto).

4.3.3. Sistema de Pantalla LED

Con la llegada de la tecnología LED (Diodo Emisor de Luz), los monitores panorámicos con relación de aspecto 16:9 se volvieron comunes. Estos monitores soportan resoluciones avanzadas que van desde 1280 x 720 hasta 1920 x 1080 para una pantalla Full HD.

Los dispositivos más grandes utilizan resoluciones aún más altas, como 3840 x 2160 para pantallas 4K o Ultra HD, y 7680 x 4320 para pantallas 8K.

4.3.4. Conectores de Pantalla

Los diferentes adaptadores de pantalla y gráficos vienen equipados con diferentes puertos que admiten distintos conectores y cables. A veces, el mismo adaptador puede tener más de un tipo de conector. Cada conector representa un avance en la tecnología de pantallas y aporta sus propios beneficios.

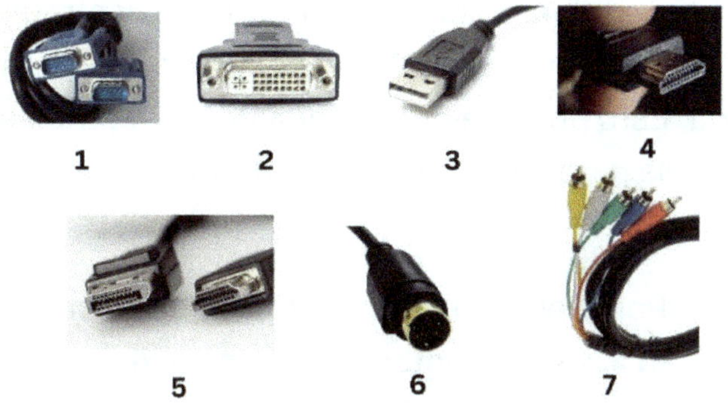

*Figura 4.10: Ejemplos de conectores de pantalla. VGA (**1**), DVI (**2**), USB (**3**), HDMI (**4**), DisplayPort (**5**), S-Video (**6**), Componente-RGB (**7**)*

Echemos un vistazo a cada uno de estos en mayor detalle.

Interfaz HDMI

High-Definition Multimedia Interface (HDMI) es la interfaz más reciente y ampliamente utilizada para audio y video digital en televisores, reproductores Blu-ray, computadoras y otros dispositivos electrónicos de consumo. Más allá de solo transferir datos, HDMI también proporciona soporte de control remoto (CEC) y protección de contenido digital (HDCP).

El conector HDMI utiliza un conector propietario de 19 pines en tres tamaños:

- HDMI 2.1 para conexiones regulares,
- HDMI Mini para dispositivos portátiles como reproductores de DVD, y
- Micro HDMI para cámaras de acción GoPro, teléfonos inteligentes, etc.

Las versiones más recientes de HDMI ofrecen mayor ancho de banda y, por lo tanto, pueden admitir resoluciones de mayor calidad de hasta 8K.

4.3.5. DisplayPort

Desarrollado por la *Video Electronics Standards Association* (VESA),

DisplayPort fue diseñado para complementar HDMI y ofrecer una alternativa libre de regalías. Mejora la interfaz DVI y es el primero en usar transmisión de datos paquetizada. Esto permite que DisplayPort transmita anchos de banda más altos con menos pines, lo que resulta en una transmisión de datos casi sin pérdidas.

El conector DisplayPort tiene 20 pines: 12 para el enlace principal, 3 pines para el canal auxiliar, 1 para la detección de conexión en caliente (*hot plug detection*), 2 para la alimentación, y 2 pines adicionales de tierra. Puede admitir siete modos de transmisión diferentes para incrementar progresivamente el ancho de banda.

4.3.6. Thunderbolt (Ver Figura 4.5)

El Thunderbolt, desarrollado por Intel y Apple, es popular en las computadoras Apple. Es muy versátil, ya que puede usarse tanto como interfaz de pantalla como de periféricos. Las primeras versiones de Thunderbolt utilizaban la interfaz MiniDP. A partir de la Versión 3, Thunderbolt utiliza la interfaz USB-C.

Sin embargo, es importante saber que un dispositivo Thunderbolt conectado a una interfaz USB-C estándar no admitirá las funciones de Thunderbolt, y un cable USB-C conectado a una interfaz Thunderbolt tampoco admitirá las funciones de Thunderbolt.

4.3.7. Interfaz Visual Digital (DVI)

Desarrollada como un estándar de la industria para la transmisión de contenido de video digital, DVI conecta una fuente de video con una pantalla. Transmite video digital sin comprimir y puede admitir tanto dispositivos analógicos como digitales en varios formatos. La interfaz **DVI-I** admite equipos digitales y analógicos integrados en el mismo conector, mientras que **DVI-A** admite únicamente equipos analógicos y **DVI-D** admite únicamente equipos digitales.

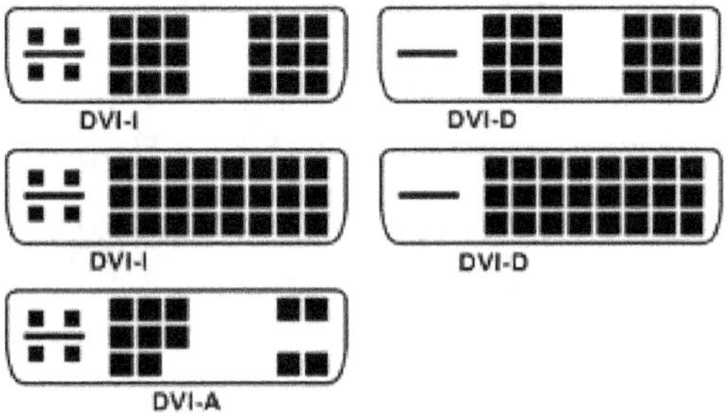

Figura 4.11: DVI-I (enlace simple), DVI-D (enlace simple), DVI-I (enlace dual), DVI-D (enlace dual), DVI-A

Los conectores digitales vienen en formatos de enlace simple y doble, donde el de doble enlace proporciona un mayor ancho de banda para resoluciones superiores a HDTV (1920 x 1200). Esta interfaz fue muy popular, pero desde entonces ha sido reemplazada por las interfaces HDMI y Thunderbolt/DisplayPort.

4.3.8. Video Graphics Array (VGA)

Una de las primeras interfaces, la VGA, fue desarrollada para la transmisión de video analógico. Considerando que la mayoría de los dispositivos gráficos modernos manejan contenido digital, la VGA ahora se considera obsoleta, aunque algunas PC continúan brindando soporte para ella. La VGA posee una distintiva matriz de 15 pines distribuidos en tres filas. El conector puede asegurarse al puerto mediante tornillos.

4.3.9. Otros Conectores Comunes

Existen varios otros conectores de uso común que vale la pena mencionar aquí. Apple ofrece una licencia gratuita para el **Mini DisplayPort**, y este puede soportar resoluciones de hasta **4K**. Así, los usuarios pueden conectar sus computadoras a televisores HDTV a partir de la versión de 2010. Muchos modelos populares de laptops se entregan con la interfaz Mini DisplayPort.

Algunas pantallas utilizan **USB** para conectarse. De manera universal, las cámaras usan puertos USB para conectarse a las computadoras. Algunos monitores también utilizan conectores **USB Tipo A**. Algunos televisores antiguos, videograbadoras (VCR) y monitores de computadora usan **cables S** para conectarse mediante el puerto **S-Video**.

El **Componente-RGB** se utiliza para procesar señales de video analógicas. Estas interfaces normalmente dividen el video en **3 señales**, y generalmente cuentan con uno o más cables adicionales para transmitir la señal de audio.

4.4. Identificación de Conectores de Audio

Después de estudiar esta sección, usted podrá:

- Describir cómo los dispositivos de audio se conectan a una computadora
- Enumerar los diferentes tipos de conectores de audio
- Identificar los conectores de audio según el tipo de conexión

4.4.1. La Conexión de Audio

Los programas de computadora utilizan una tarjeta de audio de expansión interna, también conocida como tarjeta de sonido, para transmitir señales de audio hacia y desde una computadora. Estas tarjetas incluyen un convertidor digital a analógico (DAC) para ayudar a que los dispositivos analógicos externos se conecten y se comuniquen con la computadora.

Dependiendo de la tarjeta de sonido, esta puede tener puertos para conectar una variedad de dispositivos como auriculares, bocinas, micrófonos, proyectores de video, y más.

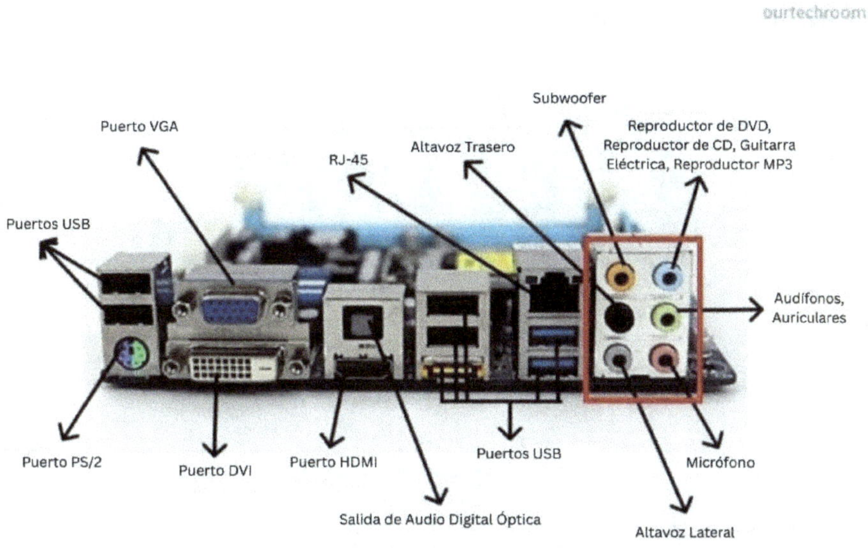

Figura 4.12: Una tarjeta madre de computadora que muestra los conectores. Los conectores de audio se muestran dentro del recuadro rojo

Las tarjetas de sonido se utilizan comúnmente para escuchar música, grabar y editar audio o video, jugar videojuegos en la computadora, hacer presentaciones y realizar llamadas de teleconferencia.

4.4.2. Conectores de audio

Los dispositivos de entrada y salida de audio usan diferentes tipos de conectores, tales como:

- tarjetas de sonido,
- bluetooth,
- puertos de juego o puertos USB, y
- interfaces de audio externas.

Veamos cada uno de estos con más detalle.

Conectores de la tarjeta de sonido

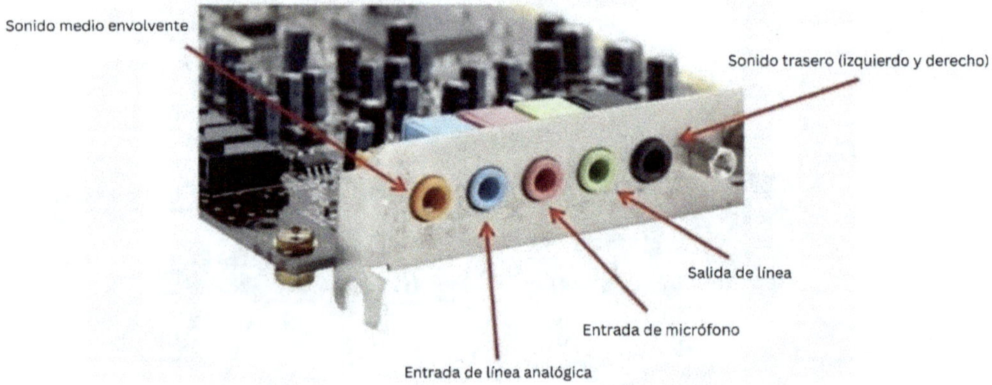

Figura 4.13: Conectores de la tarjeta de sonido

El número de conectores o puertos en una tarjeta de sonido depende de los requisitos. Estos puertos aceptan un conector TRS (Tip, Ring, Sleeve) de 6.35 mm o un mini-jack TRS de 3.5 mm. Los puertos suelen estar etiquetados, pero también se codifican por colores para facilitar su identificación.

Como mínimo, una tarjeta de sonido ofrece una entrada de línea analógica azul claro, una entrada de micrófono rosa y un conector de salida de audio verde lima. Las tarjetas de sonido con funciones avanzadas también pueden proporcionar salidas adicionales, incluyendo negro para los altavoces traseros izquierdo y derecho, y naranja para el sonido envolvente medio.

4.4.3. Conectores Bluetooth

Los conectores Bluetooth integrados utilizan una interfaz inalámbrica para conectar dispositivos de audio como auriculares y altavoces. Las computadoras y laptops modernas vienen con adaptadores Bluetooth integrados; sin embargo, también están disponibles adaptadores externos (dongles) Bluetooth.

Figura 4.14: Auricular Bluetooth y adaptador Bluetooth

Estos se conectan a través del puerto USB para recibir y transmitir señales Bluetooth.

4.4.4. Puertos de juego/Conectores USB

Hasta finales de la década de 1990, los puertos de juego utilizaban interfaces MIDI con el conector estándar de 15 pines. Los dos pines redundantes, 12 y 15, se reutilizaron para transmitir audio y mejorar la experiencia de juego.

Las computadoras modernas y los controladores de videojuegos usan el puerto USB tanto para la conectividad como para el audio, y el puerto de juego ahora está obsoleto, salvo por la compatibilidad retroactiva con dispositivos antiguos.

4.4.5. Interfaces de Audio Externas

Una sola interfaz de audio externa puede conectarse a múltiples dispositivos de entrada y salida, como amplificadores, micrófonos, altavoces y más. Los profesionales y estudios utilizan interfaces de audio externas para obtener mejor calidad y un sonido amplificado.

Figura 4.15: Una interfaz de audio externa

Estas interfaces de audio externas se conectan luego a la computadora mediante USB, FireWire, Thunderbolt u otros conectores digitales similares, y requieren controladores específicos para funcionar.

4.5. Conexiones de Red Alámbricas e Inalámbricas

Después de estudiar esta sección, usted será capaz de:

- Describir los tipos de comunicación en red
- Dar ejemplos de conexiones alámbricas e inalámbricas
- Contrastar las conexiones alámbricas e inalámbricas

4.5.1. Paquetes de Datos

Hoy en día, prácticamente ningún dispositivo funciona de manera aislada, a menos que usted lo desee. La tecnología de comunicación permite que los componentes se comuniquen a través de una red convirtiendo la información en paquetes de datos que se envían de un objeto inteligente a otro en un diálogo.

Al igual que las hojas dentro de un sobre, cada paquete de datos contiene información sobre el dispositivo emisor y receptor, junto con el mensaje que debe transmitirse. Esto asegura que solo el dispositivo designado reciba la información. De esta manera, los dispositivos diseñados para comunicarse en una red pueden interactuar entre sí.

4.5.2. Tipos de Redes

Un número finito de dispositivos puede conectarse en una red cerrada, o a un número ilimitado de dispositivos mediante una red abierta como Internet. Por ejemplo, su teléfono podría usarse para controlar un humidificador en su red doméstica. Ambos tipos de conexión de red pueden ser alámbricos o inalámbricos (como Bluetooth).

4.5.3. Conectores Alámbricos

Un conector RJ (Registered Jack) se utiliza para teléfonos fijos. Existen dos tipos de conectores RJ. El **RJ-11** se usa para conectar un teléfono a un tomacorriente de pared y para conectar un auricular a un teléfono. Los conectores **RJ-45** se utilizan para conectar computadoras y otros dispositivos con acceso a Internet, como lectores de tarjetas de crédito con cable, servidores, módems, consolas de videojuegos y televisores inteligentes a redes de área local basadas en Ethernet (E-LAN).

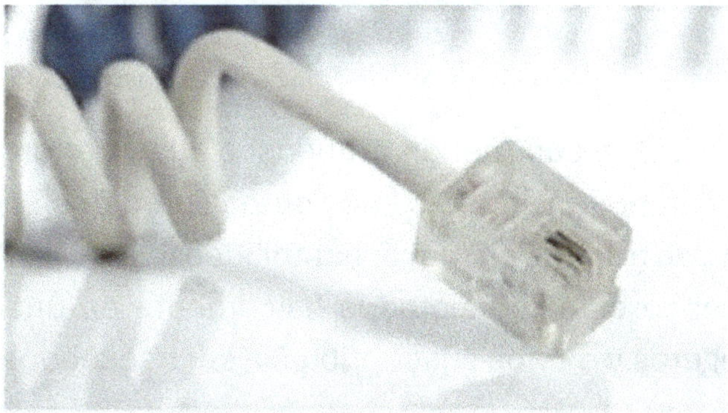

Figura 4.16: Cable telefónico con conector RJ-11

El RJ-45, al igual que el RJ-11, tiene una pestaña plástica para evitar conexiones incorrectas entre el conector y el puerto.

Beneficios de la conexión por cable

Las conexiones por cable permiten una transmisión de datos más rápida. Esta conexión ofrece velocidades de hasta 5 gigabits por segundo, mientras que las conexiones inalámbricas alcanzan solo 1 gigabit por segundo. Son más confiables que las conexiones inalámbricas porque mantienen una velocidad y conectividad constantes. Las conexiones por cable no se ven afectadas por las condiciones climáticas y son inmunes a las caídas de señal y zonas muertas.

Figura 4.17: Algunos beneficios de la conexión por cable

Las conexiones por cable son menos propensas a la interferencia de radio, por lo que hay menos paquetes de datos perdidos que necesiten retransmisión. Esto se traduce en mayor estabilidad y velocidad de red. Como los dispositivos deben estar conectados físicamente en una conexión por cable, son más seguros y menos susceptibles a ser hackeados.

4.5.3. Conexiones inalámbricas

Las conexiones inalámbricas utilizan diferentes tecnologías según los requisitos de conexión. Por ejemplo, la *Wireless Fidelity* (o Wi-Fi) se utiliza para conectar computadoras, teléfonos, tabletas, televisores inteligentes y otros dispositivos a Internet. Funciona conectando un enrutador inalámbrico directamente a un módem de Internet.

El enrutador actúa como un concentrador para que todos los dispositivos habilitados para Wi-Fi dentro de su rango puedan conectarse a una red doméstica y a Internet. Cabe señalar que los módems más recientes ya incluyen enrutadores incorporados, evitando la necesidad de conectar un dispositivo adicional.

Bluetooth

La tecnología Bluetooth (disponible desde 1998) utiliza ondas de radio de frecuencia ultra alta para conectar dispositivos en una conexión uno a uno a corta distancia. La conexión entre un dispositivo emisor y uno receptor se establece a través de un proceso llamado *emparejamiento*, en el cual ambos dispositivos envían una clave de acceso para reconocerse mutuamente.

Identificación por radiofrecuencia (RFID)

La Identificación por Radiofrecuencia, o RFID, se utiliza para identificar y rastrear objetos mediante etiquetas. Los dispositivos RFID pueden operar a varios cientos de metros de distancia. El RFID se utiliza en la recolección automática de peajes en carreteras mediante etiquetas adheridas a los parabrisas de los vehículos.

Figura 4.18: Tarjeta de acceso deslizante con tecnología RFID

Otros usos de las etiquetas RFID pueden incluir implantarlas en mascotas y ganado para permitir una fácil identificación, rastrear productos farmacéuticos a través de almacenes, prevenir robos y agilizar el pago en tiendas.

Comunicación de Campo Cercano (NFC)

NFC o *Near-field Communication* es una evolución de la tecnología RFID que funciona a distancias extremadamente cortas. La comunicación de campo cercano transmite datos a través de campos electromagnéticos de radio para permitir que dos dispositivos se comuniquen entre sí. Para funcionar, ambos dispositivos deben contener chips NFC.

Figura 4.19: NFC

El corto alcance hace que NFC sea eficiente en el consumo de energía y aumente la seguridad al eliminar activaciones accidentales. Implementaciones comunes de NFC incluyen tarjetas de acceso para hoteles y oficinas, billeteras digitales y tarjetas de crédito con chip.

Ventajas de la conexión inalámbrica sobre la conexión por cable

Las redes inalámbricas son cada vez más comunes debido a sus ventajas sobre las conexiones cableadas. Por ejemplo, ofrecen **mayor movilidad**. Los usuarios pueden moverse fácilmente de un lugar a otro sin perder la conectividad en la mayoría de los casos. Las conexiones inalámbricas son extremadamente rápidas y fáciles de configurar.

Por otro lado, las redes cableadas requieren un cableado extenso y equipo que debe instalarse y probarse antes de que la red esté operativa. A medida que evolucionan tus necesidades de red, es muy fácil realizar actualizaciones y ampliar una red inalámbrica.

Una red inalámbrica puede extenderse fácilmente para cubrir un área amplia, incluidos lugares donde no se pueden instalar cables de red. Además, las redes inalámbricas son más económicas, ya que requieren menos equipo y son más fáciles de escalar y mantener que las redes cableadas tradicionales.

4.6. Conexiones de periféricos e impresoras

Después de estudiar esta sección, podrás:

- Enumerar métodos comunes para conectar e instalar impresoras y periféricos.
- Describir cómo conectar impresoras o periféricos usando puertos seriales y paralelos.
- Describir cómo conectar impresoras o periféricos mediante una conexión local o de red.

4.6.1. Pasos comunes de instalación

¿Cómo reconoce una computadora un dispositivo periférico o una impresora? Las computadoras requieren software que permita el reconocimiento y la comunicación del dispositivo periférico o de impresión. Las computadoras utilizan software interno preinstalado de *Plug and Play*, diseñado como un software genérico que puede funcionar con múltiples impresoras, escáneres u otros periféricos específicos.

Por ejemplo, un controlador de impresora genérico puede permitir la instalación de varias marcas de impresoras. Si el dispositivo no se instala correctamente al intentar una instalación *Plug and Play*, el siguiente paso es visitar el sitio web del fabricante para localizar e instalar el controlador que funcione con tu sistema operativo.

A menudo, al instalar el software del controlador, puedes usar las funciones básicas del dispositivo. Sin embargo, si tienes un periférico como una impresora multifuncional y deseas usar funciones adicionales como escaneo y fax, los fabricantes generalmente requieren que descargues e instales su software de aplicación específico. Para ahorrar tiempo, revisa las instrucciones del fabricante antes de comenzar la instalación.

La instalación inicial de un periférico independiente aún suele requerir una conexión por cable o de red. Conecta la impresora a tu computadora mediante un cable. Luego, enciéndela.

4.6.2. Métodos comunes de conexión

Las conexiones más utilizadas para periféricos e impresoras independientes incluyen:

- Conexiones por cable USB.
- Conexiones inalámbricas como Wi-Fi, Bluetooth y NFC (*Near-field Communication*).

También puedes encontrar otros tres métodos de conexión de impresoras:

- Conexión mediante **puerto serial**.
- Conexión mediante **puerto paralelo**.
- Conexión a través de una **red**.

4.6.3. Conexiones de Cable de Puerto Serial

Las impresoras conectadas en serie son menos comunes hoy en día. Las conexiones en serie transmiten datos más lentamente. **RS232**, un protocolo estándar recomendado, sigue en uso. Las señales de datos RS232 pueden viajar distancias más largas, con mejor inmunidad al ruido y compatibilidad entre fabricantes. Los cables RS232 comúnmente presentan conexiones de 9 pines, como se muestra en la Figura 4.20, y dos tornillos para asegurar el cable al dispositivo y a la computadora.

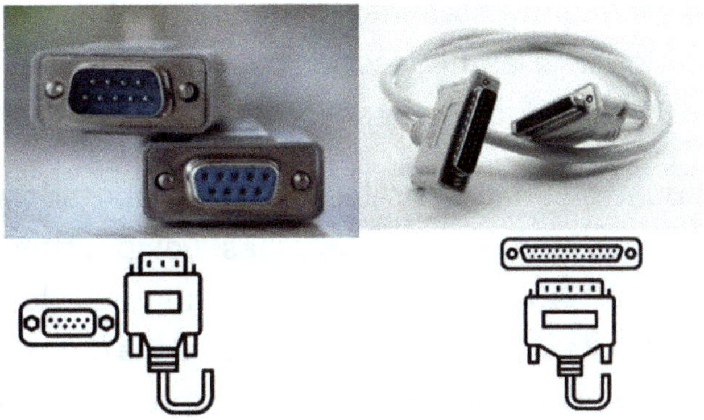

Figura 4.20: Conector de cable serial RS232 (izquierda) y conector de cable de puerto paralelo (derecha)

Los cables de puerto paralelo presentan conexiones de 25 pines e incluyen dos tornillos que ayudan a mantener los cables conectados a las computadoras y dispositivos.

4.6.4. Conexiones de Cable de Puerto Paralelo

Las conexiones de puerto paralelo son menos comunes, pero aún existen. En muchos casos han sido reemplazadas por USB y otras conexiones. Los puertos paralelos pueden enviar y recibir múltiples bits de datos simultáneamente, procesando los datos más rápido que los puertos seriales.

4.6.5. Conexiones de red

Las conexiones de red para periféricos e impresoras pueden ser inalámbricas, utilizando Wi-Fi, o por cable, utilizando una conexión Ethernet. Antes de agregar una conexión a un periférico basado en red, verifique su conectividad.

4.6.6. Cómo conectar impresoras locales

A continuación, se explica cómo conectar e instalar una impresora utilizando un puerto serial o paralelo. Estas instrucciones también se aplican a otros dispositivos periféricos. Si es necesario, ubique e instale el controlador o software siguiendo las instrucciones del fabricante.

Luego, ubique el puerto serial o paralelo en su computadora. Los cables de puerto serial generalmente tienen nueve pines. Los puertos paralelos tienen 25 pines. Conecte el cable al puerto de la computadora. Estos cables incluyen tornillos laterales que se fijan al cuerpo de la computadora para que el cable permanezca conectado. Encienda su impresora y configúrela.

4.6.7. Cómo conectar impresoras usando Windows

Las conexiones de impresoras están disponibles dentro de la aplicación Configuración en Windows 10. Usando la aplicación Configuración, seleccione Dispositivos > Impresoras y escáneres y luego seleccione la opción +Agregar una impresora o un escáner. Windows a menudo detecta automáticamente las impresoras conectadas.

Si el software de la impresora está instalado, seleccione **Abrir aplicación de la impresora** para configurar la impresora. Si no ve la impresora que desea agregar, seleccione el enlace **La impresora que quiero no está en la lista**. Esta opción es útil para impresoras de estilo antiguo y para impresoras conectadas a la red.

Siga las indicaciones para **"Buscar una impresora usando otras opciones"**, incluyendo impresoras antiguas, impresoras de red, impresoras Bluetooth o cualquier impresora que necesite una conexión manual.

4.7. Tipos de instalación

Después de estudiar esta sección, usted podrá:

- Definir instalación de hardware y software
- Evaluar las ventajas de Plug and Play sobre la instalación de controladores
- Explicar las similitudes entre la configuración basada en IP y la configuración web.

4.7.1. ¿Qué es la instalación?

La instalación es el proceso de preparar el hardware y/o software para su uso. Diferentes sistemas requieren distintos tipos de instalación. Mientras que ciertas instalaciones son sencillas y pueden ser realizadas por no profesionales, otras son más complejas y pueden requerir la participación de especialistas.

Tipos de instalación

Los tipos de instalación se pueden dividir en dos categorías: Plug and Play e instalación de controladores. Plug and Play, a veces abreviado como PnP, describe dispositivos que funcionan con un sistema informático tan pronto como se conectan. El usuario no tiene que instalar manualmente controladores para el dispositivo ni siquiera notificar a la computadora que se ha agregado un nuevo dispositivo.

Ejemplos de dispositivos PnP incluyen ratones y teclados. Si un dispositivo PnP no funciona en Windows, el usuario debe revisar en el **Administrador de**

dispositivos si existe alguna indicación de un problema con el dispositivo.

4.7.2. Administrador de dispositivos

El Administrador de dispositivos forma parte del sistema operativo Windows. Permite a los usuarios ver y controlar el hardware conectado a la computadora. Cuando una pieza de hardware no funciona, esta se resalta con un ícono amarillo para que el usuario la atienda.

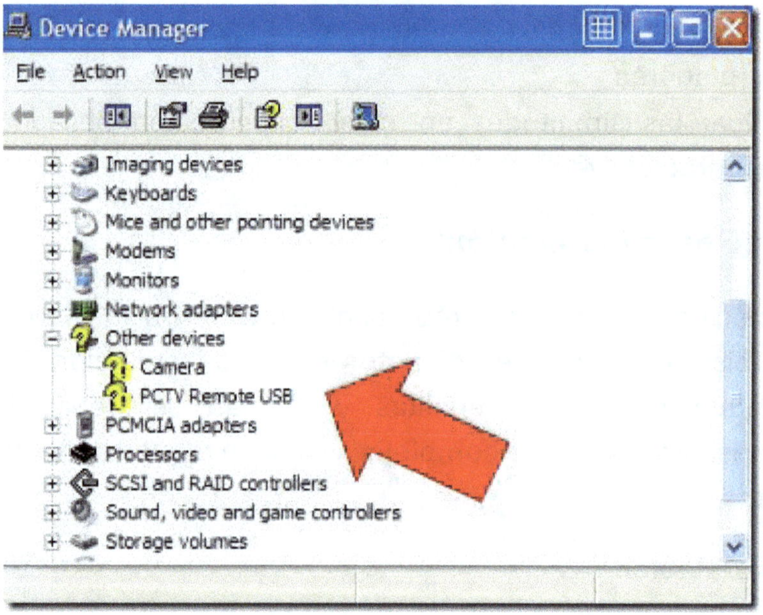

Figura 4.21: Cómo el Administrador de dispositivos identifica hardware con fallas o un controlador desactualizado

Una de las causas del mal funcionamiento de un dispositivo es un controlador desactualizado. Un **controlador** es el software que permite que un dispositivo se comunique con el sistema operativo.

4.7.3. Actualización de controladores en Windows

Actualizar el controlador puede restaurar el funcionamiento adecuado de un dispositivo. Para actualizar un controlador de dispositivo en Windows 10, siga estos pasos:

1. Abra el **Administrador de dispositivos** escribiendo “device manager” en el cuadro de búsqueda de la barra de tareas (en la parte inferior izquierda en Windows 10; en el centro inferior en Windows 11) y seleccione **Administrador de dispositivos**. Se mostrará una lista de los nombres de los dispositivos instalados.
2. Haga clic en la flecha a la izquierda del dispositivo que busca para expandir la lista.
3. Haga clic con el botón derecho en el dispositivo que desea actualizar.
4. Seleccione **Actualizar controlador**.

4.7.4. Periféricos basados en IP

Un periférico basado en IP es hardware que está conectado a una red de **Protocolo de control de transmisión/Protocolo de Internet (TCP/IP)**.

Ejemplos de periféricos basados en IP incluyen puntos de acceso inalámbricos, enrutadores inalámbricos, cámaras de seguridad IP, servidores de impresión en red e impresoras o dispositivos multifunción conectados en red. Estos dispositivos deben estar conectados a una **red de área local (LAN)** o a Internet para su instalación y funcionamiento.

4.7.5. Configuración basada en la web

Cuando instala un dispositivo, lo prepara para su uso. Pero cuando **configura** un dispositivo, lo ajusta para que funcione según sus preferencias. La configuración basada en la web se utiliza para dispositivos de red como los enrutadores. Esto hace que el proceso de configuración sea más sencillo. Todo su trabajo se realiza en una página web, que generalmente se encuentra en el sitio del fabricante.

4.8. Cuestionario de práctica 3

Use un bloc de notas nuevo o un archivo de Word para responder este cuestionario.

Tiempo permitido: 20 minutos.

1. _____ permite la comunicación entre dos o más entidades y puede ser físico o software.

A. Un enchufe de clavijas
B. Una interfaz
C. Un puerto
D. Un conector

2. ¿Qué tipo de puerto permite el intercambio en caliente y es el más popular para conectar dispositivos de almacenamiento externo como discos duros externos a computadoras?

A. El puerto USB
B. El puerto eSATA
C. El puerto FireWire
D. El puerto Thunderbolt

3. ¿Cuál es la interfaz más reciente y ampliamente utilizada para audio y video digital en televisores, reproductores Blu-ray, computadoras y otros dispositivos electrónicos de consumo?

A. Interfaz visual digital (DVI)
B. Thunderbolt
C. Interfaz multimedia de alta definición (HDMI)
D. DisplayPort

4. Las tarjetas de sonido tienen un _____ para ayudar a los dispositivos analógicos externos a conectarse y comunicarse con la computadora.

A. Convertidor digital a analógico
B. Convertidor USB
C. Convertidor Bluetooth
D. Convertidor de puerto de juegos

5. Seleccione la opción que incluye conexiones de audio comúnmente encontradas en tarjetas de sonido.

A. Entrada de línea analógica azul claro, salida de audio verde lima y una conexión de micrófono rosa
B. USB, entrada de línea analógica verde, salida de línea azul
C. Conector MIDI de 15 pines y conector USB
D. Thunderbolt, USB A y conector de salida de línea azul

6. ¿Verdadero o falso? Las conexiones inalámbricas ofrecen velocidades más rápidas de hasta 5 gigabits por segundo en comparación con las conexiones por cable que tienen una velocidad máxima de alrededor de 1 gigabit por segundo.

A. Verdadero
B. Falso

7. ¿Qué tipo de conector inalámbrico conecta dos dispositivos a corta distancia y puede transmitir grandes flujos de datos?

A. Comunicación de campo cercano (NFC)
B. Bluetooth
C. Identificación por radiofrecuencia (RFID)
D. Wi-Fi

8. ¿Verdadero o falso? Las impresoras requieren software, conocido como controladores, para que la computadora y la impresora puedan comunicarse entre sí.

A. Verdadero
B. Falso

9. Seleccione las tres opciones necesarias para conectarse a una impresora de red.

A. Verificar que su computadora tenga conexión a la red.
B. Si no ve la impresora de red que desea conectar, use las opciones de búsqueda adicionales de Windows.
C. Acceder a la configuración de impresoras y escáneres de su sistema operativo.
D. Conectar el cable de la impresora y atornillarlo en la computadora local.

10. ¿Qué componente del sistema operativo Windows permite a los usuarios ver y controlar el hardware conectado a la computadora?

A. Administrador de dispositivos
B. Plug and Play (PnP)
C. Periféricos basados en IP
D. Red de área local (LAN)

4.8.1. Respuestas al cuestionario de práctica 3

1. B.
2. B.
3. C.
4. A.
5. A.
6. B.
7. A.
8. A.
9. A, B, D.
10. A.

5. Componentes Internos de la Computadora

Después de estudiar esta sección, usted podrá:

- Reconocer varios componentes internos de la computadora
- Explorar el papel de la placa base (motherboard)
- Evaluar la importancia del flujo de datos

5.1. La Placa Base y los Componentes Integrados

Una **placa base** (también llamada placa de circuito principal o *mobo*) es la placa de circuito impreso (PCB) principal en las computadoras y otros sistemas expandibles. Vea la Figura 5.1. Permite la comunicación entre muchos de los componentes electrónicos cruciales de un sistema, como la unidad central de procesamiento (CPU) y la memoria.

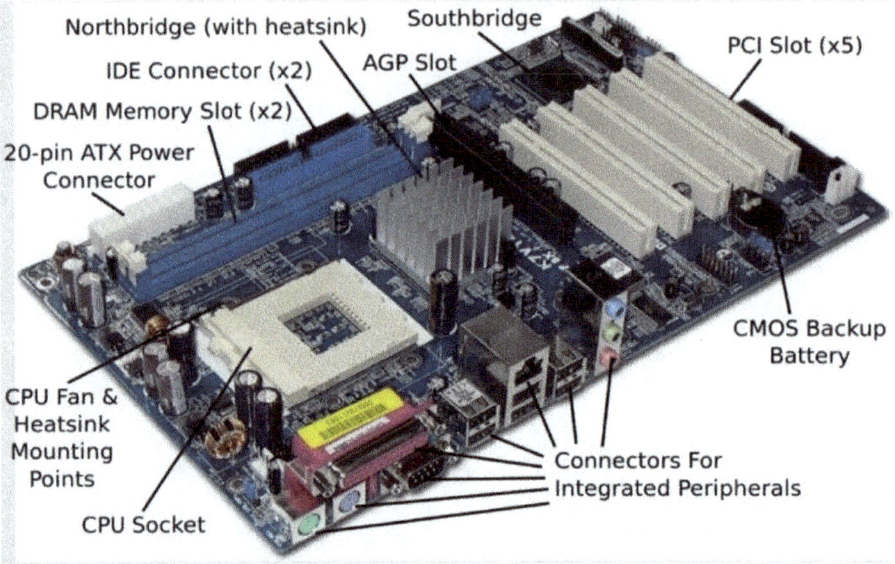

Figura 5.1: La placa base y sus componentes integrados

Traducción de etiquetas

- Northbridge (with heatsink) → **Northbridge (con disipador de calor)**
- IDE Connector (x2) → **Conector IDE (x2)**
- DRAM Memory Slot (x2) → **Ranura de memoria DRAM (x2)**
- 20-pin ATX Power Connector → **Conector de alimentación ATX de 20 pines**
- CPU Fan & Heatsink Mounting Points → **Puntos de montaje para ventilador y**
- **disipador de CPU**
- CPU Socket → **Zócalo de CPU**
- Southbridge → **Southbridge**
- AGP Slot → **Ranura AGP**
- PCI Slot (x5) → **Ranura PCI (x5)**
- CMOS Backup Battery → **Batería de respaldo CMOS**
- Connectors for Integrated Peripherals → **Conectores para periféricos integrados**

La placa base también proporciona una vía de comunicación para periféricos como los teclados. Una placa base contiene subsistemas importantes, como los controladores de entrada/salida y de memoria del chipset, conectores de interfaz y otros componentes integrados para uso general.

Los circuitos eléctricos de la placa permiten que los componentes conectados reciban energía y se comuniquen entre sí, mientras que los periféricos como los monitores reciben energía y comandos a través de cables.

5.1.2. Chipset

Un *chipset* es un conjunto de componentes electrónicos en un circuito integrado conocido como un "Sistema de Gestión del Flujo de Datos" que administra el flujo de datos entre el procesador, la memoria y los periféricos. Un *chipset* tiene dos partes: el *Northbridge* y el *Southbridge*. Generalmente gestiona las comunicaciones entre la CPU y otras partes de la placa base.

Chipset – Northbridge y Southbridge

Un *Northbridge* o *puente norte* es uno de los dos chips en el conjunto lógico principal de la placa base. A diferencia del *Southbridge*, el *Northbridge* está conectado directamente a la CPU mediante el bus frontal (*Front-Side Bus, FSB*) y, por lo tanto, es responsable de las tareas que requieren el mayor rendimiento.

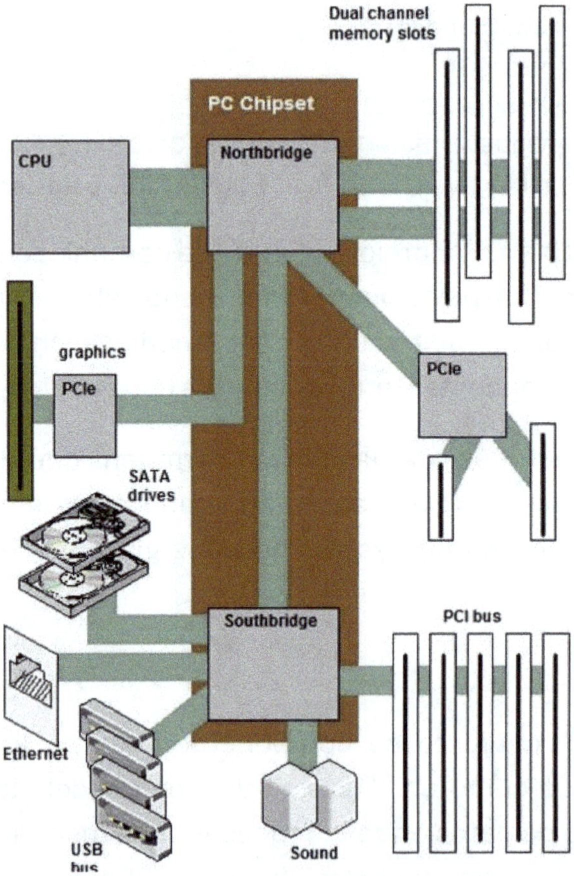

Figura 5.2: El chipset Northbridge y Southbridge

Traducción de etiquetas

- PC Chipset → **Chipset de PC**
- CPU → **CPU**
- Northbridge → **Northbridge**
- Dual channel memory slots → **Ranuras de memoria de doble canal**
- graphics → **gráficos**
- PCIe → **PCIe**
- SATA drives → **Unidades SATA**
- Southbridge → **Southbridge**
- PCI bus → **Bus PCI**
- Ethernet → **Ethernet**
- USB bus → **Bus USB**
- Sound → **Sonido**

El **Southbridge** es la segunda mitad del chipset de lógica central. Normalmente implementa las tareas de menor rendimiento en una arquitectura de chipset *northbridge-southbridge*. El southbridge generalmente se distingue del northbridge porque no está conectado directamente a la CPU. Estudia la Figura 5.2.

5.1.3. El Bus

Un bus es una conexión interna de alta velocidad incrustada como circuitos impresos en la placa base. Ve un ejemplo, "ranura PCI", en la parte superior derecha de la Figura 5.1 y otro ejemplo, "bus PCI", en el lado derecho de la Figura 5.2. Los buses se utilizan para enviar señales de control y datos entre la unidad central de procesamiento (CPU) y otros componentes internos. Es como la supercarretera de la información de la computadora.

El *Peripheral Component Interconnect* (o bus PCI) es un estándar de bus de expansión que fue desarrollado por Intel. Se popularizó alrededor de 1994 y se utilizaba para añadir tarjetas de expansión tales como puertos seriales o USB adicionales, interfaces de red, tarjetas de sonido, módems, controladores de disco o tarjetas de video.

Un *front-side bus* es una interfaz de comunicación de computadora que transporta datos entre la unidad central de procesamiento y el concentrador del controlador de memoria o el northbridge.

5.1.4. Zócalos

Un zócalo es la matriz de pines y el mecanismo de sujeción que mantienen al procesador en su lugar y lo conectan a la placa base. Existen diferentes zócalos dependiendo de la generación de unidad central de procesamiento (CPU) que soporte tu placa base.

Matriz de zócalos

Los zócalos más antiguos utilizan una *Pin Grid Array* (PGA), que usa pines cortos y rígidos en la CPU que se alinean con los orificios del zócalo.

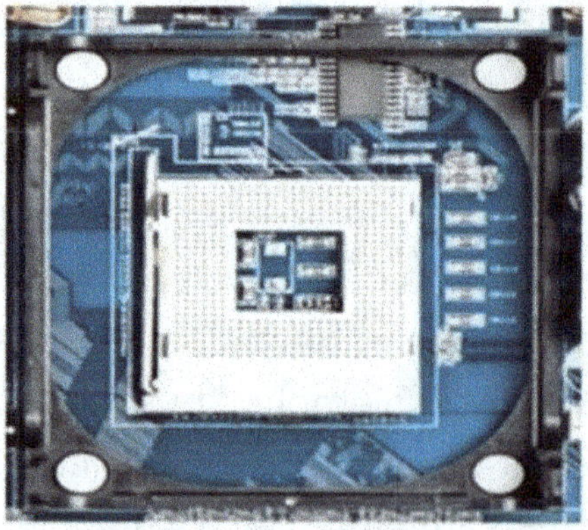

Figura 5.3: Conjunto de zócalos

Es muy importante que, al instalar un CPU, no lo fuerce. Si está correctamente alineado, debería encajar sin dificultad. Los zócalos de motherboard más recientes, llamados *Land Grid Array (LGA)*, tienen los pines incorporados, mientras que los CPUs poseen puntos de contacto sobre ellos.

5.1.5. Conectores de Energía

Un conector de energía es un dispositivo que se encuentra en una placa base (*motherboard*) y que permite el paso de corriente eléctrica para proporcionar energía a un dispositivo.

Figura 5.4A: Conectores/cables de alimentación multicolor de 24 pines estilo ATX-2 y el voltaje que suministra cada pin

Traducción de etiquetas

1. (+3.3V) → **(+3.3V)**
2. (+3.3V) → **(+3.3V)**
3. (Ground) → **(Tierra)**
4. (+5V) → **(+5V)**
5. (Ground) → **(Tierra)**
6. (+5V) → **(+5V)**
7. (Ground) → **(Tierra)**
8. (PG) → **(PG / Señal de encendido correcto)**
9. (+5VSB) → **(+5VSB / +5V en espera)**
10. (+12V) → **(+12V)**
11. (+12V) → **(+12V)**
12. (+3.3V) → **(+3.3V)**
13. (+3.3V) → **(+3.3V)**
14. (-12V) → **(-12V)**
15. (Ground) → **(Tierra)**

16. (PS-ON) → **(PS-ON / Encendido de fuente)**
17. (Ground) → **(Tierra)**
18. (Ground) → **(Tierra)**
19. (Ground) → **(Tierra)**
20. (-5V) → **(-5V)**
21. (+5V) → **(+5V)**
22. (+5V) → **(+5V)**
23. (+5V) → **(+5V)**
24. (Ground) → **(Tierra)**

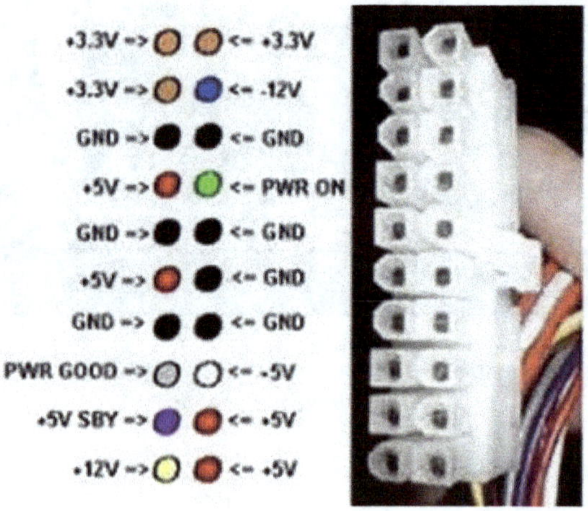

Figura 5.4B: Conectores/cables de alimentación multicolor de 20 pines estilo ATX y el voltaje que suministra cada pin.

Con la introducción de ATX-2, el cable mostrado en la Figura 5.4B ahora es un cable de 24 pines (mostrado en la Figura 5.4A) y ya no un cable de 20 pines.

La Figura 5.5 es una imagen bien etiquetada de una placa base Gigabyte para su rápida referencia.

Figura 5.5: La placa base y sus componentes integrados etiquetados

Traducción de etiquetas

- Realtek ALC892 → **Realtek ALC892 (Audio)**
- Front Panel Audio → **Audio del panel frontal**
- System Fan Header → **Conector de ventilador del sistema**
- PCI-E x1 Slots → **Ranuras PCI-E x1**
- PCI-E x8/x16 Slot → **Ranura PCI-E x8/x16**
- PCI Slot → **Ranura PCI**
- PCI-E x4 Slot → **Ranura PCI-E x4**
- USB 2.0 Headers → **Conectores USB 2.0**
- System Fan Headers → **Conectores de ventilador del sistema**
- Bios Switch → **Interruptor de BIOS**
- Front Panel Headers → **Conectores del panel frontal**
- Debug LED → **LED de depuración**

- Intel Z77 Chipset → **Chipset Intel Z77**
- Marvell SATA 6Gb/s Ports → **Puertos SATA 6 Gb/s Marvell**
- Intel Z77 SATA 6Gb/s Ports → **Puertos SATA 6 Gb/s Intel Z77**
- Intel Z77 SATA 3Gb/s Ports → **Puertos SATA 3 Gb/s Intel Z77**
- SATA Power Connector → **Conector de alimentación SATA**
- USB 3.0 Header → **Conector USB 3.0**
- Realtek RTL8111F GbE LAN Controller → **Controlador LAN GbE Realtek RTL8111F**
- VIA VL800 USB 3.0 Controller → **Controlador USB 3.0 VIA VL800**
- ASMedia ASM1442 DVI/HDMI Controllers → **Controladores DVI/HDMI ASMedia ASM1442**
- 24-pin ATX Power Connector → **Conector de alimentación ATX de 24 pines**
- Voltage Read Points → **Puntos de lectura de voltaje**
- 8-pin 12V CPU Power Connector → **Conector de alimentación CPU 12V de 8 pines**
- LGA1155 CPU Socket → **Zócalo de CPU LGA1155**
- CPU Fan Header → **Conector de ventilador de CPU**
- DDR3 DRAM Slots → **Ranuras DRAM DDR3**
- CMOS Switch → **Interruptor CMOS**
- Reset Button → **Botón de reinicio**
- Power Button → **Botón de encendido**

5.2. Control de la Información

Después de estudiar esta sección, usted podrá:

- Reconocer el papel de la memoria en un sistema
- Diferenciar entre ranuras de memoria y ranuras de expansión
- Evaluar la importancia del BIOS y el CMOS

5.2.1. Unidad Central de Procesamiento (CPU)

La CPU es un chip de silicio ubicado en un zócalo especial de la tarjeta madre. Los procesadores se construyen colocando miles de millones de transistores microscópicos en un solo chip de computadora. Estos transistores le permiten realizar los cálculos necesarios para ejecutar los programas que están almacenados en la memoria de su sistema.

Figura 5.6: La CPU

Un **procesador de 32 bits** es un tipo de arquitectura de CPU que puede transferir 32 bits de datos por ciclo de reloj. Piense en una CPU de 32 bits como una autopista de información de dos carriles. Los procesadores de 32 bits se encuentran en computadoras portátiles, estaciones de trabajo y servidores.

Un **procesador de 64 bits** es comparable a una autopista de información de cuatro carriles, lo que permite que el doble de datos (o tráfico) se mueva al mismo tiempo. Los procesadores de 64 bits también se encuentran en computadoras portátiles, estaciones de trabajo y servidores.

5.2.2. Memoria (RAM)

La memoria de acceso aleatorio (RAM) se utiliza normalmente para almacenar datos en uso y el código de máquina. Debido a que la RAM es volátil, cualquier dato existente en ella se pierde cuando se interrumpe la alimentación eléctrica. Vea la Figura 2.35.

Dado que la RAM puede instalarse y retirarse en cualquier momento, es intercambiable en caliente (*hot-swappable*). Su velocidad se mide en Megahercios (MHz), o millones de ciclos por segundo. Las velocidades modernas de memoria van desde el estándar anterior de **1333 MHz (DDR3)** hasta **3200 MHz o más en DDR4**, e incluso **4800–8400+ MHz en DDR5**. La RAM está disponible en varias formas con diferentes velocidades y capacidades de almacenamiento, según el tipo de tarjeta madre y las necesidades del usuario.

Tipos de Memoria

La memoria que se utiliza depende del tipo de tarjeta madre. Las formas comunes de memoria incluyen las siguientes:

- **Memoria de acceso aleatorio dinámico (DRAM).** Almacena cada bit de datos en una celda de memoria, que generalmente consiste en un diminuto condensador y un transistor.
- **SDRAM, o Memoria de Acceso Aleatorio Dinámico Sincrónica.** Es una forma de memoria de semiconductores DRAM que puede funcionar más rápido que la DRAM convencional.
- **Memoria Sincrónica de Acceso Aleatorio Dinámico de Doble Velocidad de Datos (DDR-SDRAM).** Es más rápida que la SDRAM porque obtiene datos dos veces por ciclo de reloj.
- **Memoria Sincrónica de Acceso Aleatorio Dinámico de Doble Velocidad de Datos 3 (DDR3 SDRAM).** Es más rápida que la DDR-SDRAM.
- **Memoria Sincrónica de Acceso Aleatorio Dinámico de Doble Velocidad de Datos de cuarta generación (DDR4).** Es una sustitución más rápida y confiable de la DDR3 SDRAM que utiliza menos energía. Las velocidades típicas van de 2133 MHz a más de 3200 MHz.
- **Memoria Sincrónica de Acceso Aleatorio Dinámico de Doble Velocidad de Datos de quinta generación (DDR5).** La generación más reciente de RAM. DDR5 ofrece un ancho de banda y una eficiencia

significativamente mayores que DDR4, con un rendimiento mejorado para videojuegos, computación avanzada y servidores. Las velocidades actuales comienzan alrededor de 4800 MHz y pueden superar los 8400 MHz.

Nota: DDR3, DDR4 y DDR5 **no son compatibles entre sí hacia atrás**. Cada generación tiene diferentes distribuciones de pines, voltajes y diseños de ranura, lo que significa que una tarjeta madre que admite DDR4 no puede usar módulos DDR3 ni DDR5. Siempre se debe hacer coincidir la generación de RAM con las especificaciones de la tarjeta madre.

- **Módulo de Memoria en Línea Dual (DIMM).** Este es el tipo estándar de módulo de RAM utilizado en computadoras de escritorio. Los DIMM son barras de memoria largas y rectangulares que se insertan en ranuras de memoria dedicadas en la tarjeta madre. Proporcionan mayor capacidad y rendimiento en comparación con módulos más pequeños, lo que los hace ideales para escritorios, servidores y estaciones de trabajo.

- **Módulo de Memoria en Línea Dual de Perfil Reducido (SO-DIMM).** Son versiones más pequeñas de los DIMM, comúnmente utilizadas en computadoras portátiles donde el espacio es limitado. Las ranuras SO-DIMM ocupan aproximadamente la mitad del espacio de las ranuras DIMM de escritorio, pero generalmente consumen más energía.

5.2.3. Ranuras de Memoria

Una ranura de memoria sostiene un módulo de RAM (*Random Access Memory*) en su lugar en la tarjeta madre de la computadora. Solo los chips de memoria pueden insertarse en estas ranuras dedicadas. Las ranuras de memoria permiten que el sistema utilice la RAM al habilitar la comunicación entre la tarjeta madre y la memoria.

Dependiendo de la tarjeta madre, habrá de dos a cuatro ranuras de memoria (a veces más en tarjetas madre de gama alta). Las ranuras de memoria en la tarjeta madre determinan el tipo de RAM que es compatible con una computadora.

5.2.4. Ranuras de Expansión

Una ranura de expansión es un zócalo en la tarjeta madre que se utiliza para alojar una tarjeta de circuito (o tarjeta de expansión). Esta instalación proporciona características adicionales a una computadora, como sonido mejorado, gráficos avanzados, acceso a ethernet o más memoria. Las ranuras de expansión son propietarias, lo que significa que solo funcionan con tipos específicos de tarjetas (o circuitos).

Figura 5.7: Cuatro ranuras de expansión en la tarjeta madre. PCI-Express x16, PCI-Express x1, AGP y PCI

Existen varias formas de ranuras de expansión. Cuáles tenga su computadora dependerá del tipo de tarjeta madre que haya instalado. El mejor tipo de ranura de expansión que puede tener en su PC es la **PCI Express**, también escrita como **PCIe**.

La ranura de expansión PCI Express se comunica de manera rápida y eficiente con la tarjeta madre y el microprocesador. La ranura **PCI** es la forma más común de expansión interna en una PC. Algunas computadoras tienen una mezcla de ranuras PCI y PCI Express (vea la Figura 5.9). Si ese es el caso, elija siempre PCI Express cuando tenga esa opción.

La ranura de expansión **Accelerated Graphics Port (AGP)** se utiliza para adaptadores gráficos. Las PC más antiguas pueden tener esta ranura de expansión, pero las mejores tarjetas de video usan PCI Express (PCIe).

5.2.5. Controladores de Disco

El controlador de disco es el circuito que permite que la Unidad Central de Procesamiento (CPU) se comunique con un disco duro, disquete u otro tipo de unidad de disco. Proporciona una interfaz entre la unidad de disco y el bus, conectando así la unidad con el resto del sistema.

Figura 5.8: Controlador de disco (izquierda) retirado de la parte inferior de la unidad de disco (derecha)

Electrónica de Discos Integrados (IDE) fue creada para estandarizar el uso de discos duros en las computadoras. Un **controlador IDE** es una pequeña tarjeta de circuito en la placa base con chips que guían cómo la **HDD** (unidad de disco duro) almacena y accede a los datos. La mayoría de los controladores incluyen algo de memoria que mejora el rendimiento del disco duro.

5.2.6. BIOS

Todo lo que hace tu computadora puede reducirse a una entrada o una salida. El **BIOS (Basic Input/Output System o Sistema Básico de Entrada/Salida)** administra el intercambio de entradas y salidas de tu computadora, principalmente cuando la enciendes.

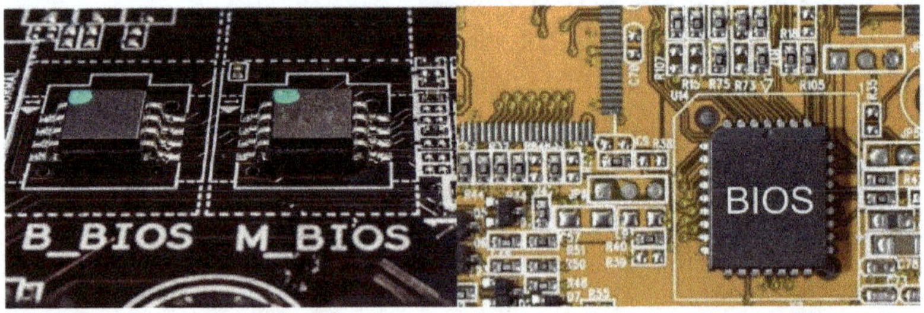

Figura 5.9: Chips BIOS en las tarjetas madre. Izquierda: Una tarjeta madre con configuración de BIOS dual, mostrando tanto el BIOS Principal (M_BIOS) como el BIOS de Respaldo (B_BIOS), que proporcionan redundancia y recuperación en caso de que falle el BIOS principal. Derecha: Una tarjeta madre con un solo chip BIOS, que maneja toda la inicialización del sistema y la gestión del hardware sin respaldo.

Cada computadora tiene un BIOS preprogramado en su placa base. Es diferente de un sistema operativo, que puede instalarse, desinstalarse y actualizarse mucho después de haber comprado la computadora.

El BIOS necesita permanecer operativo incluso cuando tu computadora no está conectada a una fuente de energía. Cuando la computadora está desconectada, el BIOS depende de una batería para alimentarse. Dichas baterías existen en las laptops y en las PC de escritorio, pero se usan con mayor frecuencia en las laptops porque suelen permanecer desconectadas más tiempo que las PC de escritorio.

Puedes actualizar un BIOS mediante un proceso llamado **flasheo** (*flashing*). Para hacerlo, necesitarás el número de versión del BIOS. Puedes encontrar este número en la ventana de **Información del Sistema**. En Windows 10, presiona la tecla de Windows y **R**. Aparecerá el cuadro de ejecución. Escribe **msinfo32** en el cuadro y presiona **Enter**.

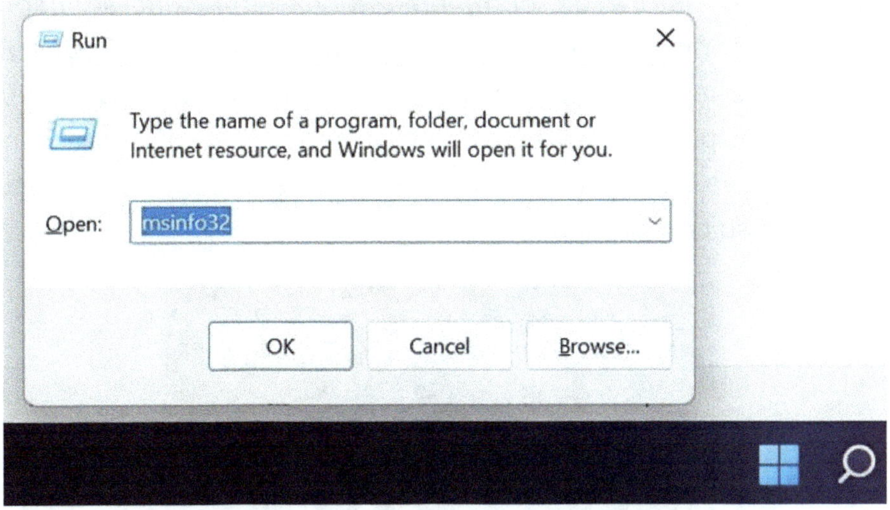

Figura 5.10: Cómo encontrar la Información del Sistema en Windows

El número de versión del BIOS se muestra en el campo Versión/Fecha del BIOS.

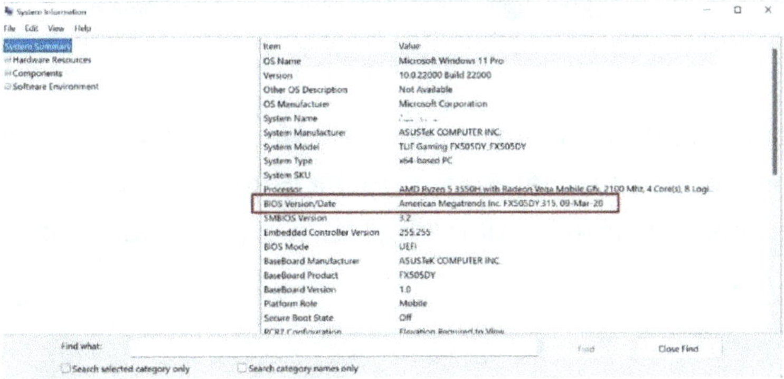

Figura 5.11: Un ejemplo de versión y fecha del BIOS mostrados dentro del recuadro rojo

Las instrucciones sobre cómo actualizar (*flashear*) el BIOS varían según el fabricante de la tarjeta madre, así que consulte el sitio web del fabricante para conocer el procedimiento y proceda con precaución.

5.2.7. CMOS

CMOS es la abreviatura de *complementary metal-oxide-semiconductor* (semiconductor complementario de óxido metálico). Un CMOS es una batería del tamaño de una moneda que alimenta el BIOS. El CMOS es un chip integrado en la placa madre, alimentado por batería, que almacena información que va desde la fecha y hora del sistema hasta la configuración de hardware de su computadora.

Figura 5.12: Una batería CMOS en una tarjeta madre (mostrada dentro del círculo rojo)

Es un componente de hardware que se encuentra con mayor frecuencia en laptops. Como todas las baterías, un CMOS tiene una vida útil, y cuando expira, es momento de reemplazarlo, ya que podría causar problemas al arrancar su laptop.

5.3. Almacenamiento Interno

Después de estudiar esta sección, usted podrá:

- Describir las características generales de los discos duros
- Identificar las características de las unidades PATA, IDE, SATA, SCSI y SSD
- Describir las características generales de las unidades ópticas
- Identificar las ranuras de expansión

5.3.1. Características de los Discos Duros

Introducidos por IBM en 1956, los discos duros internos proporcionan almacenamiento de datos no volátil a largo plazo, tiempos de acceso rápidos y altas velocidades de transferencia de datos.

5.3.2. Tecnología Tradicional de Discos Duros

Los discos duros tradicionales contienen un plato o disco con una superficie magnética donde se almacenan los datos. El plato gira sobre un eje, que controla la velocidad de rotación del plato. Una cabeza metálica flota justo por encima del plato, donde puede leer y escribir datos magnéticos. La cabeza está al final de un brazo actuador que posiciona la cabeza para leer o escribir datos en el plato.

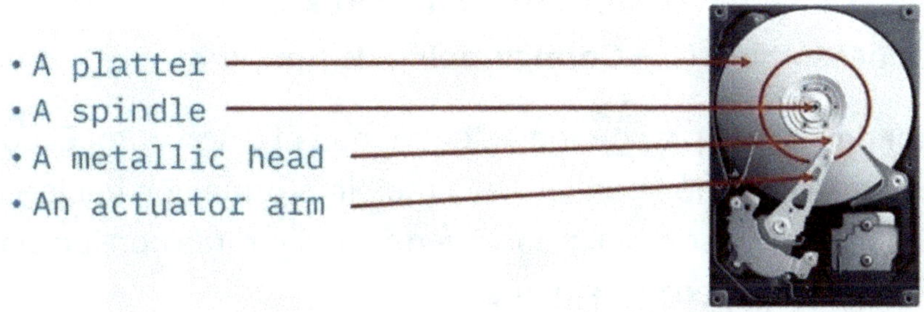

Figura 5.13: El disco duro y sus componentes internos

Traducción de etiquetas

- A platter → Un plato
- A spindle → Un eje
- A metallic head → Un cabezal metálico
- An actuator arm → Un brazo actuador

Juntos, el eje, el brazo actuador y la cabeza se controlan para leer y escribir tareas específicas en el disco. Los datos que se leen o que se van a escribir llegan a la unidad mediante una combinación de conectores de energía, conectores de datos, jumpers y otras tecnologías que activan el brazo actuador. El brazo actuador posiciona la cabeza para leer y escribir datos en el disco.

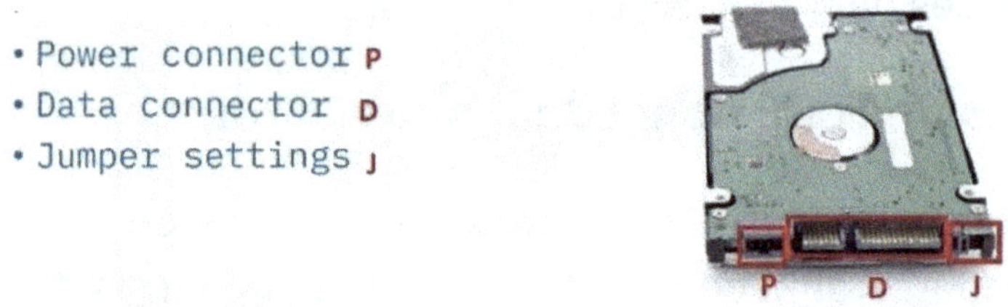

Figura 5.14: El disco duro y sus componentes externos

Traducción de etiquetas

- Power connector (p) → **Conector de energía**
- Data connector (D) → **Conector de datos**
- Jumper settings (J) → **Configuración de jumpers**

El conector de energía proporciona electricidad al disco duro. El conector de datos permite la conexión para enviar y recibir información hacia y desde la unidad. En algunos casos, la unidad puede configurarse con jumpers para habilitar tipos específicos de ajustes.

5.3.3. Unidades IDE y PATA

Los discos duros Advanced Technology Attachment, conocidos como unidades ATA, incluyendo los discos duros **Integrated Drive Electronics (IDE)** y **Parallel Advanced Technology Attachment (PATA)**, se originaron en la década de 1980 y fueron populares hasta aproximadamente 2003. Los primeros discos ATA procesaban datos a 33 megabits por segundo. Posteriormente, los discos ATA procesaban datos a 133 megabits por segundo.

5.3.4. Unidades SATA

En 2003, las unidades **Serial Advanced Technology Attachment (SATA)**, que se comunican mediante un cable y bus serial, avanzaron en el procesamiento de datos a 1.5 gigabits por segundo, más de diez veces más rápido que ATA. Actualmente, las unidades SATA pueden procesar datos a 6 gigabytes por segundo.

SATA drives are available in multiple sizes, known as **form factors**. SATA drives typically spin at 5400 or 7200 revolutions per minute or RPMs with capacities from 250 gigabytes to over 30 terabytes. SATA drives still dominate today's desktop and laptop market. Each SATA port supports a single drive. Most desktop motherboards have at least four SATA ports.

5.3.5. SCSI Drives

Small Computer System Interface, pronounced "scuzzy" (SCSI) hard drives, joined the storage market in 1986. SCSI drives were fast, working at 10,000 or 15,000 rotations per minute (RPM).

Figura 5.15: Dell 3R272 - Disco Duro SCSI de 73 GB

En su momento, las unidades SCSI accedían a los datos mucho más rápido que los discos ATA estándar. Las unidades SCSI comenzaron a ser descontinuadas alrededor de 1994 y ya no se utilizan.

5.3.6. Unidades de Estado Sólido (SSDs)

Las unidades de estado sólido, conocidas como **SSDs**, que almacenan datos en memoria flash no volátil, se incorporaron al mercado de discos duros en 1989. Véase la Figura 3.10. Las SSD ofrecen una fiabilidad significativamente mayor y son más rápidas que los discos tradicionales. Operan a velocidades de 10 a 12 gigabytes por segundo, aunque la velocidad varía según el fabricante y el factor de forma. La capacidad de las unidades SSD va de aproximadamente 120 gigabytes a 2 terabytes.

Las SSD son más costosas que los discos SATA equivalentes. Sin embargo, proporcionan una fiabilidad mucho mayor que los discos duros tradicionales de plato. Las SSD también están disponibles como unidades externas y discos duros híbridos.

Como parte de una configuración de disco híbrido, la SSD funciona como caché, mientras que el disco **SATA** actúa como disco de almacenamiento. Los discos híbridos tienden a operar más lentamente que las unidades SSD.

5.3.7. Unidades Ópticas

A continuación, las unidades ópticas, que utilizan discos compactos o **CDs**, y discos digitales versátiles, conocidos como **DVDs**, fueron inventadas en la década de 1960 y llegaron al mercado en 1992. Estas unidades, al igual que las SSD, proporcionan almacenamiento no volátil. Véase la Figura 3.9

Las unidades ópticas utilizan haces de láser de baja potencia para recuperar y escribir datos, codificando la información para su almacenamiento en el disco láser mediante pequeñas hendiduras dispuestas en una pista en espiral sobre la superficie del disco.

Comparación entre CDs y DVDs

Los CDs son adecuados para almacenamiento de pequeña capacidad, hasta 750 megabytes. La capacidad de almacenamiento de los DVDs varía de 4.7 gigabytes a 17.1 gigabytes. Los CDs y DVDs pueden ser de solo lectura o compatibles con lectura y escritura. Los CDs son de una sola cara, mientras que los DVDs pueden ser de una o dos caras. Los CDs se crean utilizando un formato universal de lectura/escritura.

El formato de los reproductores de DVD se determina por región. Los proveedores de contenido pueden codificar los DVDs para que coincidan con los reproductores ubicados en las regiones donde se ha licenciado el contenido.

5.3.8. Discos Blu-ray

Los Discos Blu-ray, como medio para películas y videojuegos, ofrecen contenido en alta resolución y sonido envolvente digital. Los discos Blu-ray existen en formatos de una sola cara, desde capa simple hasta cuádruple, almacenando 25 gigabytes por capa. También existen discos Blu-ray grabables en formatos de triple capa de 100 GB y cuádruple capa de 128 GB.

Figura 5.16: Discos Blu-ray

Estos requieren unidades compatibles con **BD-XL** para grabar y leer.

5.3.9. Ranuras de expansión

Las ranuras de expansión, discutidas anteriormente en la sección 5.2.4, cuando están disponibles en la tarjeta madre, son ubicaciones donde se pueden agregar capacidades de almacenamiento adicionales.

5.4. Tarjeta de Video y Tarjeta de Sonido

Después de estudiar esta sección, usted podrá:

- Definir la función de una tarjeta de video
- Explorar la función de las tarjetas de sonido
- Evaluar el uso de un controlador MIDI

5.4.1. Tarjeta de Video

La tarjeta de video puede ser una tarjeta de expansión en una ranura vacía de la tarjeta madre o un chip integrado en la tarjeta madre del sistema. Permite que la computadora envíe información gráfica a un dispositivo de visualización como un monitor, TV o proyector. Una tarjeta de video también se conoce como **adaptador de pantalla**, **tarjeta gráfica**, **adaptador de video**, **placa de video** o **controlador de video** (véase la Figura 5.17).

Es importante notar que, técnicamente, una tarjeta de video es lo mismo que una tarjeta gráfica, aunque existen algunas diferencias, como se muestra en la sección 5.4.3. Ambas se denominan **GPU (Unidad de Procesamiento Gráfico)**.

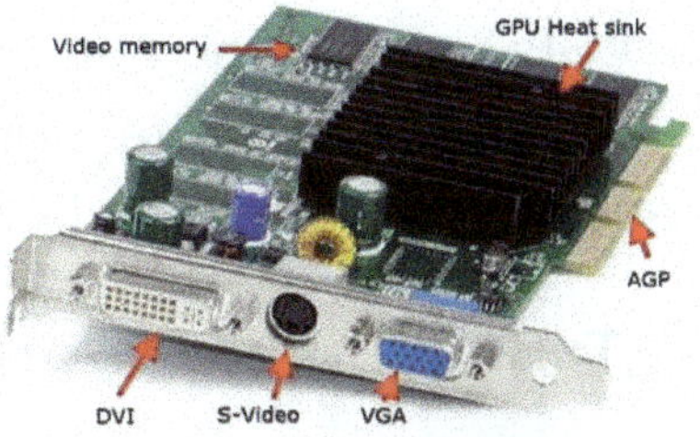

Figura 5.17: Dos tarjetas de video. La tarjeta inferior tiene dos ventiladores de enfriamiento montados en la parte superior.

Traducción de etiquetas

- Video memory → **Memoria de video**
- GPU heat sink → **Disipador de calor de la GPU**
- AGP → **AGP**
- VGA → **VGA**
- S-Video → **S-Video**
- DVI → **DVI**

5.4.2. GPU (Unidad de Procesamiento Gráfico)

Una **unidad de procesamiento gráfico** (o **GPU**) es un procesador especializado originalmente diseñado para acelerar el renderizado de gráficos. Las GPU pueden procesar muchos datos simultáneamente, lo que las hace útiles para aprendizaje automático, edición de video y aplicaciones de videojuegos. Aunque las GPU se asocian normalmente con los gráficos realistas presentes en videojuegos de alta calidad, varias industrias dependen de su potente capacidad de procesamiento. Véase la Figura 4.9.

5.4.3. Diferencias entre Tarjeta Gráfica y Tarjeta de Video

Los términos **Tarjeta de Video** y **Tarjeta Gráfica** se usan a menudo de manera intercambiable porque, técnicamente, son lo mismo. Ambas tarjetas actúan como tarjetas de expansión que generan imágenes de salida y las transmiten a un dispositivo de visualización. También se les llama **Unidad de Procesamiento Gráfico** o **GPU**. Una GPU tiene su propia capacidad de procesamiento y memoria para cumplir con los altos requerimientos de procesamiento de la experiencia visual.

La tabla a continuación muestra algunas de las diferencias importantes entre la Tarjeta Gráfica y la Tarjeta de Video.

S/No	Clave	Tarjeta Gráfica	Tarjeta de Video
1	Poder de Procesamiento	Posee su propia GPU con procesamiento dedicado para renderizado de gráficos y cálculos complejos.	Puede depender de gráficos integrados o del soporte de la placa madre; generalmente menos poder de procesamiento.
2	Memoria	Incluye VRAM dedicada (memoria de video) para un procesamiento gráfico más rápido y de alta calidad.	A menudo utiliza la memoria compartida del sistema; poca o ninguna VRAM dedicada.
3	Propósito	Diseñada para tareas de alto rendimiento como videojuegos, edición de video y renderizado 3D.	Maneja principalmente la salida de video básica hacia dispositivos de visualización.
4	Expansión	Generalmente es una tarjeta de expansión insertada en ranuras PCIe/AGP.	Puede estar integrada en la placa madre o como una tarjeta de expansión simple.
5	Refrigeración	Equipadas con soluciones avanzadas de enfriamiento como disipadores de calor o	Puede tener mecanismos de enfriamiento mínimos o ninguno.

		ventiladores.	
6	Calidad de Salida	Capaz de producir gráficos de alta resolución y realismo con efectos avanzados.	Proporciona salida de video estándar para pantallas; calidad gráfica limitada.

5.4.4. Tarjeta de Audio

Una **tarjeta de audio** también se conoce como **tarjeta de sonido** (véase la Figura 4.13). Es un circuito integrado que genera una señal de audio y la envía a los altavoces de la computadora.

La tarjeta de sonido puede aceptar un sonido analógico (como de un micrófono o cinta de audio) y convertirlo en datos digitales que se pueden almacenar en un archivo de audio. De manera inversa, puede aceptar señales de audio digitalizadas (como de un archivo de audio) y convertirlas en señales analógicas que se pueden reproducir en los altavoces de la computadora.

En las computadoras personales, las funciones de una tarjeta de sonido generalmente están integradas directamente en la placa madre. Pero para los usuarios que desean audio de mayor calidad, una tarjeta de sonido es una placa de circuito separada que se conecta a la placa madre.

5.4.5. Controlador MIDI

Un **controlador MIDI** es una forma sencilla de secuenciar música y tocar instrumentos virtuales en su computadora. Funciona enviando datos **MIDI (Interfaz Digital de Instrumentos Musicales)** a una computadora o sintetizador, que luego interpreta la señal y produce un sonido. Los controladores MIDI son utilizados con frecuencia por músicos.

Figura 5.18: Un controlador MIDI y su cable USB

5.5. Tarjeta de Interfaz de Red (NIC)

Después de estudiar esta sección, usted podrá:

- Definir una **Tarjeta de Interfaz de Red (NIC)**.
- Explorar los tipos de NIC.
- Aplicar su comprensión sobre cómo funciona un módem.

Una **tarjeta de interfaz de red (NIC)** es un componente de hardware sin el cual una computadora no puede conectarse a una red. Es una placa de circuito instalada en una computadora que proporciona una conexión de red dedicada a la misma. La tarjeta recibe señales de red y las traduce en datos que la computadora puede mostrar. Originalmente, los controladores de red estaban disponibles únicamente como tarjetas de expansión que se podían conectar a un puerto de computadora, enrutador o dispositivo USB.

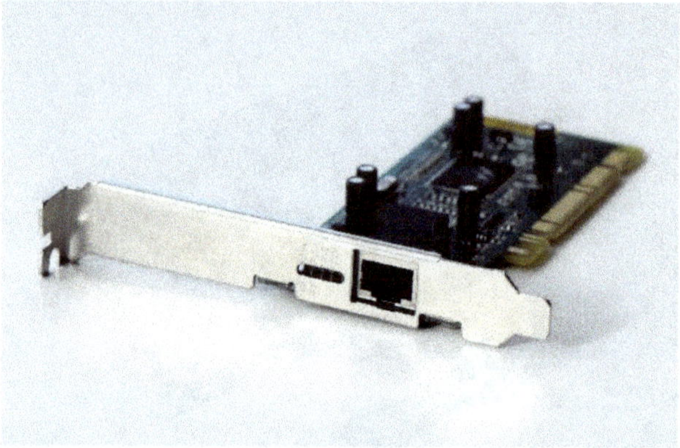

Figura 5.19: Tarjeta de Interfaz de Red (NIC) – NIC con cable

Una NIC, o tarjeta de interfaz de red, proporciona una conexión a una red (generalmente a Internet). Las NIC integradas están construidas en la placa madre. Las NIC adicionales se instalan en una ranura de expansión libre en la placa madre. En términos de función, velocidad y calidad, no existe una diferencia significativa entre los tipos de NIC.

5.5.1. Tarjetas de Red Cableadas e Inalámbricas

Las NIC inalámbricas (véase la Figura 5.19) dependen de una antena para comunicarse mediante ondas de radio en una conexión Wi-Fi. Las NIC cableadas dependen de un conector de entrada y de una tecnología de red cableada, como **Ethernet rápido** (mostrado anteriormente en la Figura 5.18).

Figura 5.20: Una tarjeta de interfaz de red (NIC) inalámbrica

5.5.2. Módems

A nivel básico, su **módem** le da acceso a Internet. Desde los enrutadores Wi-Fi hasta los dispositivos móviles, los componentes que conforman su red doméstica hablan diferentes lenguajes digitales, pero su módem actúa como traductor. Traduce las señales que provienen de su proveedor de servicios de Internet (ISP) en una conexión a Internet que el enrutador Wi-Fi puede transmitir.

El módem recibe información de su ISP a través de líneas telefónicas, fibra óptica o cable coaxial en su hogar (dependiendo de su proveedor de servicios) y la convierte en una señal digital.

Su enrutador y el ISP no pueden comunicarse directamente porque hablan diferentes lenguajes —o mejor dicho, transmiten diferentes tipos de señal. Así que el módem digitaliza esas señales y envía las señales ahora utilizables al enrutador. ¡Antes de que se dé cuenta, ya está en línea!

Figura 5.21: Un módem LINKSYS

5.6. Refrigeración y Ventiladores

Después de estudiar esta sección, usted podrá:

- Definir la **refrigeración del sistema**
- Explorar los métodos para enfriar un sistema informático
- Evaluar la efectividad de la refrigeración líquida

5.6.1. Refrigeración del Sistema

Las computadoras generan calor. El exceso de calor puede dañar los componentes internos. Nunca debe operar una computadora sin asegurarse de que exista un sistema de refrigeración adecuado (ya sea por aire o líquido).

Los **enfriadores de la Unidad Central de Procesamiento (CPU)** están diseñados para disipar el calor producido por el procesador que se encuentra en el corazón de su PC. Los ventiladores, radiadores y otros elementos de estos componentes de refrigeración permiten que la energía térmica acumulada se aleje de las partes internas vitales.

5.6.2. Métodos de Refrigeración

Existen muchos métodos de refrigeración disponibles. Algunos de ellos se describen a continuación.

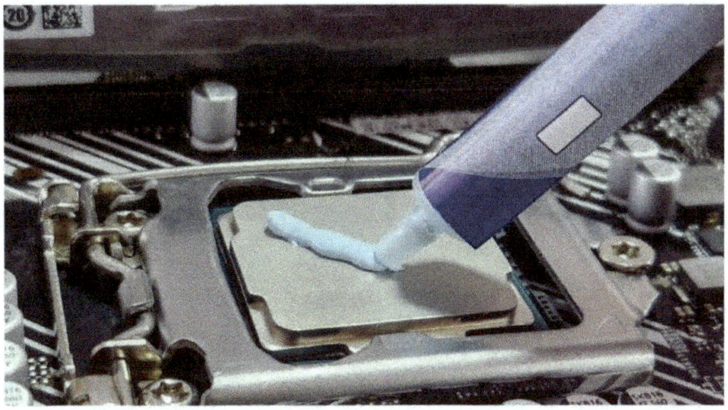

Figura 5.22: Algunos métodos de refrigeración. El método de pasta térmica se muestra a la derecha

La **refrigeración pasiva** reduce la velocidad a la que un componente, como el procesador, opera. Este enfoque contrasta con la **refrigeración activa**.

La **refrigeración activa** utiliza ventiladores con energía. Los ventiladores del gabinete de la computadora extraen aire fresco por las rejillas frontales y expulsan aire caliente por la parte trasera. En este proceso, los ventiladores se utilizan para disipar el aire caliente de los componentes internos delicados.

En la **convección forzada**, el aire caliente alrededor de un objeto, como la CPU, es desplazado por un ventilador que sopla aire a través de un disipador de calor.

La **pasta térmica** y una placa base se colocan entre el bloque de agua y la CPU para mejorar las propiedades de transferencia de calor.

Disipador de calor – Un enfoque para la refrigeración del sistema es utilizar un **disipador de calor**. Primero, aplique un compuesto de disipador para llenar los espacios entre la CPU y otros componentes que generan calor, y el disipador mecánico. Luego, coloque el disipador de calor, que es un componente pasivo hecho de metal conductor, sobre la CPU.

Figura 5.23: Disipador de calor

Ahora, el **exceso de calor** se extrae de la CPU a través del **disipador de calor** hasta sus aletas, donde un ventilador sopla aire para disipar el calor sobrante. Este método disipa el aire caliente antes de que pueda dañar los componentes internos de la computadora.

Refrigeración por líquido – La refrigeración por líquido funciona de manera muy similar a un radiador en su automóvil o en su hogar. Es más silenciosa y eficiente que usar ventiladores para enfriar el sistema. La refrigeración líquida hace circular líquido a través de **bloques de agua** que se colocan sobre el chip que se está enfriando.

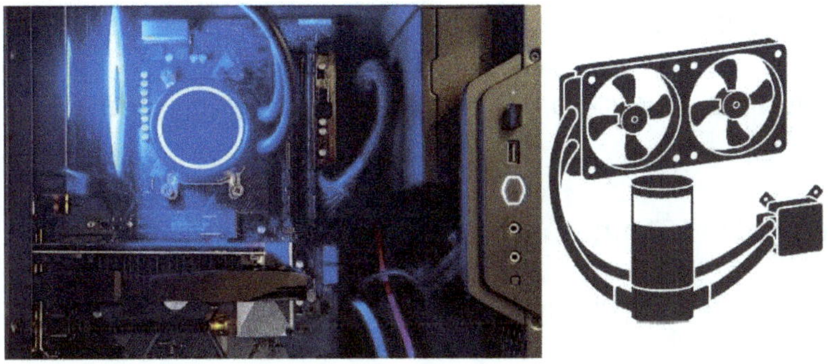

Figura 5.24: Método de refrigeración por líquido

El líquido relativamente más frío que circula por el bloque de agua absorbe el calor del chip, enfriándolo. El líquido caliente se bombea hacia el radiador, donde los ventiladores lo exponen al aire frío. El líquido recirculado se devuelve al bloque de agua para ser calentado nuevamente, y el ciclo se repite.

A veces, la refrigeración por líquido es una necesidad. Las PC utilizadas para juegos de alto rendimiento o en lugares donde la temperatura ambiente es alta requieren medidas de enfriamiento adicionales. Los métodos de refrigeración por líquido son útiles en estos casos.

5.7. Cuestionario de Práctica 4

Use un cuaderno nuevo o un archivo de Word para responder este cuestionario.

Tiempo permitido: 15 minutos.

1. ¿Cuál es una función principal de la placa madre?

A. Proporcionar solo sistemas primarios, como los controladores de entrada/salida y de memoria del chipset
B. Participar en la comunicación entre componentes electrónicos cruciales de un sistema, como la unidad central de procesamiento (CPU) y la memoria (RAM)
C. Proporcionar conectores para periféricos como ratones y teclados
D. Borrar todos los datos de la memoria cuando el sistema se apaga

2. Es hora de buscar un disco duro de reemplazo. ¿Qué tipo de unidad domina el mercado actual de computadoras de escritorio y portátiles?

A. Unidades **Serial Advanced Technology Attachment (SATA)**
B. Unidades de disco duro **Small Computer System Interface (SCSI)**
C. **Unidades de Estado Sólido (SSD)**
D. Unidades **Parallel Advanced Technology Attachment (PATA)**

3. ¿Qué tipo de tarjeta de sonido es preferida por los músicos que necesitan secuenciar música y tocar instrumentos virtuales usando una computadora?

A. Tarjetas de sonido internas
B. Tarjetas de sonido **Musical Instrument Digital Interface (MIDI)**
C. Chipsets de audio integrados
D. Tarjetas de sonido externas

4. Seleccione la afirmación que describe una tarjeta de interfaz de red (NIC).

A. Una NIC conecta computadoras a Internet, pero no a ningún otro tipo de red.

B. Las computadoras deben tener una NIC para conectarse a una red.

C. Una NIC traduce datos de la red de digital a analógico y viceversa.

D. Una NIC debe ser una tarjeta de expansión para ser funcional.

5. ¿Qué método enfría los componentes al reducir la velocidad a la que opera el hardware?

A. **Refrigeración pasiva**

B. Refrigeración activa

C. Transferencia de calor por convección forzada

D. Compuesto de disipador de calor

5.7.1. Respuestas al Cuestionario de Práctica 4

1. B
2. A
3. B
4. B
5. A

6. Evaluación y Configuración de Estaciones de Trabajo

Después de estudiar esta sección, podrá:

- Identificar las necesidades informáticas del usuario
- Evaluar computadoras basadas en sus especificaciones de hardware
- Realizar tareas básicas de configuración de hardware

6.1. Cómo Identificar las Necesidades del Usuario

Comencemos evaluando los requisitos de la estación de trabajo del usuario.

6.1.1. Entorno

Primero, identifique el lugar de trabajo del usuario. ¿Trabaja en una oficina, desde casa, de manera móvil en un sitio de trabajo o en las instalaciones de un cliente, o en múltiples ubicaciones? Una vez que sepa dónde trabaja el usuario, ¿cuáles son las condiciones de su espacio de trabajo?

¿Tiene acceso a un escritorio y una silla? ¿Cuántas conexiones eléctricas están disponibles? ¿Qué tipo de iluminación tiene el espacio de trabajo? ¿Cómo asegurará el usuario la computadora? Y, finalmente, ¿tiene el usuario necesidades de accesibilidad que requieran hardware adicional?

6.1.2. Acceso a la Red

El trabajo actual depende de la conectividad. Si la función laboral es altamente confidencial o implica mover grandes cantidades de datos, podría ser necesario una conexión de red por cable. La mayoría de los usuarios puede utilizar una conexión Wi-Fi, pero los usuarios que se encuentren fuera de la oficina y necesiten mantener la conectividad necesitarán acceso a una red celular.

6.1.3. Requisitos de Almacenamiento de Datos y Aplicaciones

A continuación, determine si el usuario almacenará sus datos en su máquina local, dentro de una red de servidores en el sitio o mediante una nube híbrida. Las aplicaciones tienen requisitos de memoria y almacenamiento. Basado en el número total de aplicaciones, ¿cuáles son los requisitos de almacenamiento, RAM, conectividad y respaldo?

6.1.4. **Cómo** Evaluar **las Necesidades de Periféricos**

Para cumplir con los requisitos de la empresa o del trabajo, o para satisfacer necesidades de accesibilidad del usuario, es posible que se necesiten dispositivos periféricos adicionales, incluidos teclados, ratones, monitores, altavoces, audífonos, micrófonos y escáneres, entre otros.

Soluciones Informáticas Sugeridas

Será necesario conocer los tipos de conexión que requieren estos periféricos antes de comprar la nueva computadora del usuario. Las unidades de escritorio generalmente proporcionan soluciones informáticas más versátiles y potentes. Sin embargo, las laptops son lo suficientemente potentes para la mayoría de las tareas, incluidas algunas relacionadas con grandes volúmenes de datos.

Para los usuarios que trabajan en múltiples ubicaciones o que trabajan principalmente con aplicaciones basadas en la nube, las laptops y las combinaciones de laptop-tableta 2 en 1 suelen ser más apropiadas y rentables.

6.1.5. Cómo Evaluar Opciones de Computación

La tabla en la Figura 5.36 muestra algunas especificaciones mínimas que deberá tener en cuenta al comprar la nueva estación de trabajo del usuario.

Requisito	Desktop	Desktop Todo-en-Uno	Laptop	Laptop/Tablet 2 en 1
Procesadores	Intel Core i5/i7 o AMD Ryzen 5/7	Intel Core i5/i7 o AMD Ryzen 5/7	Intel Core i5/i7 o AMD Ryzen 5/7	Intel Core i5/i7 o AMD Ryzen 5/7
RAM (¿Ampliable?)	16 GB (Sí, hasta 64+ GB)	16 GB (Limitada, Sí, hasta 32 GB)	16 GB (Algunos modelos ampliables)	16 GB (Raramente ampliable)
GPU (¿Ampliable?)	GPU dedicada (Sí)	GPU integrada o básica (No)	GPU integrada o media (No)	GPU integrada (No)
Almacenamiento Interno (¿Expandable?)	512 GB SSD + HDD opcional (Sí)	512 GB SSD (Limitado, No)	512 GB SSD (Algunos modelos Sí)	512 GB SSD (Usualmente No)
Puertos	Varios USB, HDMI, DisplayPort, Ethernet	Varios USB, HDMI/DisplayPort, Audio	USB-C, USB-A, HDMI (Limitado)	USB-C, USB-A, Jack de audífonos
Periféricos Adicionales	Teclado, Mouse (Opcional)	Teclado/Mouse incluido	Teclado/Touchpad incluido	Teclado/Touchpad incluido
Conectividad/Adaptador de Red	Ethernet, Wi-Fi 6, Bluetooth 5	Ethernet, Wi-Fi 6, Bluetooth 5	Wi-Fi 6, Bluetooth 5	Wi-Fi 6, Bluetooth 5, LTE opcional

Monitor/Pantalla	Monitor externo requerido	Integrado 21–27" Full HD	14–16" Full HD	12–14" Full HD táctil
Cámara Web	Cámara externa requerida	Cámara HD integrada	Cámara HD integrada	Cámara HD integrada
Seguro/Bloqueable	Soporte para cerradura Kensington	Soporte para cerradura Kensington	Ranura para cerradura Kensington	Ranura para cerradura Kensington

En la mayoría de los casos, 16 gigabytes de RAM son suficientes. Sin embargo, los usuarios avanzados pueden necesitar una solución ampliable, y los usuarios que trabajan en la web o con aplicaciones basadas en la nube pueden operar con un mínimo de 8 gigabytes de RAM. Los usuarios que trabajan con big data y procesos de diseño gráfico intensivos generalmente necesitan una máquina con una GPU y almacenamiento más potentes y posiblemente ampliables, puertos y conexiones periféricas adecuados, opciones de conectividad y la capacidad de asegurar y bloquear físicamente la computadora.

6.1.6. Decisiones de Compra

Las decisiones de compra deben considerar cuatro aspectos importantes:

- Requerimientos del usuario
- Requerimientos del negocio
- Tecnología disponible, y
- El presupuesto de la empresa

6.1.7. Cómo Facilitar la Configuración de la Estación de Trabajo

Una vez tomada la decisión de compra y recibida la nueva estación de trabajo del usuario, el siguiente proceso de seis pasos facilita una configuración exitosa:

1. Reevaluar el entorno físico del usuario.
2. Seguir las instrucciones para desempaquetar la estación de trabajo y los periféricos.
3. Aplicar las prácticas recomendadas de gestión de cables.
4. Conectar la estación de trabajo y los periféricos a la toma eléctrica adecuada o a una regleta.
5. Revisar la ergonomía del usuario.
6. Completar la configuración de la estación de trabajo configurando el hardware y software de la misma.

Evaluación del Entorno

Al llegar con la nueva estación de trabajo, comienza evaluando el entorno del usuario, incluyendo la estabilidad del escritorio y la silla, la disponibilidad de iluminación adecuada para el trabajo, el acceso a tomas eléctricas y la amperaje disponible, así como la capacidad de asegurar físicamente la computadora.

Desempaquetado

Al desempaquetar, lee las instrucciones y sigue las prácticas del fabricante. Mientras desempaquetas el equipo, mueve las cajas y materiales de empaque a un lugar seguro, fuera del espacio de trabajo del usuario.

Gestión de Cables

Como parte de la seguridad ambiental, la gestión de cables también reduce las llamadas de soporte.

Aquí hay tres prácticas fáciles de recordar:

- Instala cables más cortos cuando sea posible. Si tienes un cable demasiado largo, haz un lazo y utiliza una brida para asegurar el cable a una longitud más corta.
- Adjunta e identifica de forma segura cada cable mientras trabajas.
- Recoge y amarra múltiples cables juntos fuera del área del usuario.

Gestión Eléctrica

La gestión eléctrica tiene que ver con la seguridad tanto para ti como para el usuario.

- Etiqueta cada cable eléctrico conectado a cada dispositivo informático y periféricos.
- Luego, verifica que las conexiones eléctricas estén alejadas del usuario y sean accesibles para soporte de TI posterior.
- Conecta las fuentes de alimentación a su toma de pared o regleta asignada y recuerda anotar el número de la toma de corriente.

Ergonomía

Las computadoras nuevas a menudo requieren ajustes ergonómicos para que el usuario pueda trabajar cómodamente. Revisa la posición de los pies, la altura del monitor, la posición de los brazos y hombros, la iluminación y la disposición de los cables y cordones. A continuación, es momento de la configuración de la estación de trabajo.

6.1.8. Configuración de la Estación de Trabajo

1. Enciende la estación de trabajo y los periféricos.
2. Configura las opciones del sistema operativo del usuario, incluyendo credenciales de inicio de sesión, opciones de teclado, resolución del

monitor, conexiones de impresora, opciones de sonido, opciones de seguridad y conexiones de red.
3. Selecciona el navegador predeterminado del usuario.
4. Desinstala software innecesario.
5. Instala y configura software adicional de productividad.
6. Si el usuario lo solicita, modifica el panel de productividad del escritorio.
7. Configura las opciones de respaldo.

6.2. Configuración del Sistema Operativo Windows, Parte 1

Después de estudiar esta sección, podrás:

- Listar las tareas de configuración del sistema operativo (SO)
- Describir cómo crear cuentas de usuario
- Usar la aplicación Configuración para configurar ajustes del sistema operativo que se actualizan con frecuencia

6.2.1. Tipos de Usuario

La mayoría de los sistemas operativos permiten la configuración de múltiples niveles de usuarios con ajustes de seguridad específicos. Estos son:

- Administrador, con permisos completos
- Usuario estándar, con la mayoría de los permisos excepto cambios en la configuración del sistema
- Otro usuario con acceso limitado

En esta guía, se asumirá que tienes permisos de administrador.

6.2.2. Configuración de Windows 10

Al desempaquetar una computadora con Windows preinstalado, el sistema guiará al usuario a través de las tareas esenciales de configuración.

Sigue las indicaciones para:

- Activar el sistema operativo Microsoft (activación de licencia)
- Seleccionar la versión del sistema operativo
- Seleccionar la unidad de instalación objetivo
- Seleccionar tu región
- Especificar el tipo de teclado
- Crear o conectar tu cuenta de Microsoft con ID y contraseña
- Seguir las indicaciones y seleccionar tres preguntas de seguridad
- Decidir si deseas conectarte con Cortana, el asistente integrado de Microsoft
- Seleccionar la opción para sincronizar el historial del dispositivo
- Aceptar la configuración de privacidad, que forma parte de la seguridad del sistema
- Con la mayoría de las tareas de configuración completadas, seguir las indicaciones para actualizar Windows
- A continuación, seleccionar la opción de BitLocker para cifrar el disco duro local

El cifrado es una función importante para la privacidad y seguridad de los datos. La computadora puede reiniciarse varias veces durante el proceso de configuración.

Después de la instalación, o al solucionar problemas de instalación del sistema operativo, algunas prácticas de seguridad esenciales son:

- Crear credenciales de usuario con ID y contraseña de Microsoft (habilitar credenciales de inicio de sesión)
- Configurar un PIN u otras credenciales/protocolos de inicio de sesión
- Habilitar BitLocker para cifrar el disco duro local
- Actualizar el sistema operativo y aplicar otras actualizaciones de

software

6.2.3. Acceso a Configuración

Como personal de soporte de TI, puedes preferir desempaquetar la computadora antes de su entrega al usuario. Usarás la aplicación Configuración, un lugar central para muchas tareas de configuración y gestión de Windows, para personalizar la computadora. Una de las formas más rápidas de acceder a Configuración es seleccionar el botón de Inicio de Windows y luego el ícono de engranaje, que abre la aplicación Configuración.

Configurar Cuentas de Usuario

Dependiendo de las políticas de la organización, es posible que desees agregar cuentas de usuario adicionales que no incluyan permisos de administrador. Esta tarea generalmente se completa más fácilmente antes de entregar la computadora al usuario.

En la ventana de Configuración, selecciona Cuentas. Sigue las indicaciones en pantalla para agregar otros usuarios adicionales. Incluso puedes agregar usuarios que no tengan cuentas de Microsoft. Agregarás el nombre del usuario, la contraseña y las respuestas a tres preguntas de seguridad. Selecciona Siguiente. Windows agrega la cuenta automáticamente.

6.2.4. Iniciar Sesión en Windows

Querrás mostrar al usuario cómo iniciar sesión en su máquina usando su ID y contraseña o PIN. Algunas organizaciones pueden tener protocolos para que el usuario cambie su contraseña. Luego, comienza a ajustar la configuración del sistema operativo con el usuario presente.

6.2.5. Opciones de Configuración

La aplicación Configuración también es el centro de muchas configuraciones del sistema operativo visibles para el usuario.

Usando la Configuración de Red e Internet

Verifica la Conectividad

Visualiza el Estado para confirmar la conexión de red de la estación de trabajo. También puedes seleccionar el ícono de Wi-Fi en la barra de tareas para ver las conexiones actuales y agregar nuevas conexiones.

Configurar la Conectividad
Dependiendo de cómo hayas abierto la aplicación Configuración, el panel izquierdo puede o no mostrarse. Ambas vistas permiten verificar el estado actual de la conexión de la computadora. Para descubrir nuevas redes, selecciona Mostrar redes disponibles. Para conectarte a otra red, selecciona Conectar e ingresa la clave de seguridad de la red. Luego selecciona Siguiente, y la estación de trabajo agrega automáticamente y, si es necesario, se conecta a la red.

Configuración de Pantalla
Para ajustar la configuración de la pantalla del monitor: En la aplicación Configuración, selecciona Sistema. Desplázate a las opciones de Pantalla para ajustar el brillo de la pantalla, la escala y el diseño, y la orientación de la pantalla.

Configuración de Audio
Si partes desde Configuración, selecciona Sistema. En la ventana Sistema, desplázate por el panel izquierdo y selecciona Sonido. Aquí puedes elegir tus altavoces, establecer el volumen predeterminado del altavoz y configurar los ajustes del micrófono.

Agregar Impresoras
Para agregar una impresora o escáner, en la ventana de la aplicación

Configuración, selecciona Dispositivos. Luego selecciona Impresoras y escáneres. Se mostrarán las impresoras y escáneres existentes. Si es necesario, puedes seleccionar +Agregar una impresora o escáner, donde verás opciones de conexión adicionales.

Configuración de Hora e Idioma

Revisa la configuración de Hora e Idioma con tu usuario. Aquí puedes establecer la región, el idioma y la configuración de voz. Si tienes un usuario que desea usar reconocimiento de voz, necesitarás configurar esta función aquí además de configurar las opciones de accesibilidad de Facilidad de Acceso.

Configuración de Opciones de Accesibilidad

En la ventana de Configuración, selecciona Facilidad de Acceso para habilitar funciones que ayuden a satisfacer las necesidades de usuarios ciegos, con daltonismo, baja visión o sordos que requieran mejoras informáticas.

6.3. Configuración del Sistema Operativo Windows, Parte 2

Después de estudiar esta sección, podrás:

- Desinstalar e instalar programas
- Evaluar el almacenamiento, rendimiento y mantenimiento de la computadora
- Configurar ajustes del sistema operativo que se actualizan con frecuencia
- Demostrar atajos de productividad y comandos de archivos útiles

6.3.1. Desinstalar Programas

Es posible que el usuario de la computadora no necesite un programa, o que algunos programas no estén permitidos en la computadora del usuario según la política de la empresa. Para eliminar un programa, selecciona

Configuración y luego Aplicaciones.

En la sección Aplicaciones y características, localiza el programa y haz clic derecho sobre el nombre del programa para seleccionar la opción Desinstalar.

6.3.2. Instalar Software Adicional

La mayoría del software proviene de fuentes en línea. Antes de descargar un software, se recomienda verificar que el sitio web sea legítimo. En la mayoría de los casos, para instalar el software, haz doble clic en el archivo *.exe designado. Windows solicitará tu permiso para instalar el software. Sigue las instrucciones de instalación del fabricante.

6.3.3. Instalar Software de Seguridad

Windows proporciona software de seguridad integrado, pero permite la instalación de soluciones adicionales de proveedores externos. Descarga el programa de seguridad preferido. Selecciona el archivo *.exe designado. Windows solicitará tu permiso para instalar el software. Sigue las instrucciones de instalación del fabricante.

6.3.4. Monitoreo del Rendimiento del Sistema

Si el usuario menciona que tiene problemas con el rendimiento del sistema, abre la aplicación Configuración, escribe la palabra Rendimiento y selecciona Rendimiento y estado del dispositivo. Al visualizar Rendimiento y estado del dispositivo, el informe de estado muestra el servicio de hora de Windows, la capacidad de almacenamiento, la vida de la batería y las aplicaciones y software.

6.3.5. Gestión de Datos y Almacenamiento

Tal vez al monitorear el rendimiento del sistema notes que la computadora reporta un problema de almacenamiento. En la aplicación Configuración, selecciona Sistema y navega a Almacenamiento. Aquí, puedes evaluar el espacio de almacenamiento disponible, eliminar archivos temporales y más. Si los datos del usuario son críticos para la empresa, recuerda configurar opciones de respaldo y considera cambiar la ubicación donde se guardan los contenidos.

6.3.6. Gestión de Actualizaciones de Software

Windows gestiona la mayoría de las actualizaciones de software automáticamente. Para verificar el estado de actualización, usando la aplicación Configuración, selecciona Actualización y seguridad, donde podrás ver el estado de las actualizaciones de Windows.

6.3.7. Mantenimiento del Sistema

Si es necesario, usando la aplicación Configuración, busca Mantenimiento del sistema y selecciona la segunda opción para Solucionar problemas y ayudar a prevenir problemas de la computadora. Luego sigue las instrucciones en pantalla para ayudar a mantener la computadora.

6.3.8. Uso del Menú Inicio

Selecciona el ícono de Windows para ver el menú Inicio y el panel de Productividad. En el lado izquierdo del menú de inicio, verás qué usuario ha iniciado sesión, accesos directos a documentos, imágenes, configuraciones y opciones de energía.

Los programas disponibles están organizados alfabéticamente. Si haces clic derecho en el ícono de un programa, verás opciones para desinstalar el programa, anclar el programa a la barra de tareas, abrir su ubicación de archivo y ejecutar el programa con derechos de administrador.

6.3.9. Personalización del Panel de Productividad

A la derecha del menú Inicio se encuentra el panel de Productividad, que consiste en una mezcla de mosaicos activos y estáticos. Los mosaicos estáticos son accesos directos a programas favoritos y usados frecuentemente. Los mosaicos activos proporcionan una vista rápida de información como noticias, clima y deportes. Haz clic derecho en cualquier mosaico para eliminarlo, desinstalar el programa o realizar otras tareas.

6.3.10. Uso de la Barra de Tareas

En la parte inferior de la pantalla, la Barra de Tareas de Windows proporciona acceso al botón de Windows, donde puedes abrir el menú de inicio. Luego está el cuadro de búsqueda de la barra de tareas, donde puedes buscar archivos, configuraciones y programas en la computadora o realizar una búsqueda rápida en la web. El ícono de círculo proporciona un acceso rápido para hablar con Cortana. El ícono de tira de película proporciona acceso a la vista de tareas de Windows.

A continuación, usa el ícono de carpeta para acceder al Explorador de archivos y a tus programas abiertos. Configuración (ícono de engranaje) permite acceder a una aplicación que personaliza la barra de tareas. En el lado derecho de la Barra de Tareas, verás el clima actual, un caret hacia arriba en el que puedes hacer clic para mostrar noticias, el programa de videoconferencia Windows Meet Now, acceso a OneDrive, acceso a redes Wi-Fi y cableadas, configuración del volumen del altavoz, ajustes de hora y fecha, y notificaciones.

Cuando tengas tiempo, explora la personalización de la Barra de Tareas usando la aplicación Configuración, seleccionando Sistema y luego Barra de Tareas.

6.3.11. Uso de Atajos de Teclado

Enseñar a los usuarios sobre atajos de teclado ahorra tiempo valioso y reduce errores, resultando en ganancias de productividad para beneficiar al negocio. Windows ofrece numerosos atajos de teclado, muchos más de los que se enumeran en la tabla a continuación.

Tarea	**Primera Tecla**	**Segunda Tecla**	**Tercera Tecla**
Copiar archivo o contenido	Ctrl	C	–
Pegar archivo o contenido	Ctrl	V	–
Cortar archivo o contenido	Ctrl	X	–
Deshacer una acción	Ctrl	Z	–
Rehacer una acción	Ctrl	Y	–
Seleccionar todo el contenido	Ctrl	A	–
Abrir Configuración	Windows	I	–
Abrir Administrador de Tareas	Ctrl	Shift	Esc
Bloquear el equipo	Windows	L	–

Cambiar entre aplicaciones abiertas	Alt	Tab	–
Minimizar todas las ventanas	Windows	D	–
Capturar ventana activa	Alt	Impr Pant	–
Capturar imagen de pantalla completa	Impr Pant	–	–
Abrir Explorador de Archivos	Windows	E	–
Editar el nombre de archivo	F2	–	–

A menudo, los nuevos usuarios se confunden al ver la primera tecla y la segunda tecla con un "+" entre ellas, por lo que las he mostrado en la tabla simplemente como primera tecla, segunda tecla y, si es necesario, la tercera tecla.

6.3.12. Búsqueda de Archivos y Carpetas

Para establecer reglas sobre cómo se indexan los archivos, dentro de la aplicación Configuración, seleccione Buscar y luego seleccione Buscar en Windows. Aquí, puede establecer reglas sobre cómo los usuarios encuentran sus archivos y qué carpetas excluir al buscar archivos.

Con las reglas establecidas, para buscar archivos y carpetas, abra el Explorador de archivos. Dentro del Explorador de archivos, la barra de cinta en la parte superior muestra comandos para realizar tareas como abrir, editar, copiar, mover (también conocido como pegar) y eliminar archivos.

6.4. Gestión de Archivos y Carpetas

Después de estudiar esta sección, podrá:

- Definir archivos y carpetas
- Explorar las opciones básicas para archivos y carpetas
- Evaluar los permisos de seguridad para archivos y carpetas

6.4.1. Cómo se escriben y guardan los archivos

Un archivo de computadora es un recurso para registrar datos en un dispositivo de almacenamiento, identificado principalmente por su nombre de archivo. Así como las palabras pueden escribirse en papel, los datos pueden escribirse en un archivo de computadora. Un archivo se crea primero escribiendo datos en la memoria temporal (RAM). Guardar datos implica usar almacenamiento permanente (generalmente un disco duro).

6.4.2. Archivos Binarios vs Archivos de Texto

Todos los archivos son de naturaleza binaria o de texto. Mientras que los archivos de texto contienen únicamente datos textuales que se pueden leer fácilmente, los archivos binarios contienen datos textuales y binarios personalizados. Los datos en forma binaria pueden ser interpretados por programas compatibles, pero aparecerán como texto incomprensible de unos y ceros en un editor de texto o procesador de palabras.

6.4.3. Reglas para Nombrar Archivos y Carpetas

Archivos y carpetas tienen reglas de nomenclatura similares. Ambos deben ser nombrados de manera que sea fácil encontrar el archivo o carpeta deseado. Los nombres deben ser cortos pero descriptivos (25 caracteres o menos). Evite usar caracteres especiales o espacios en un nombre de archivo. Use mayúsculas y guiones bajos en lugar de puntos, espacios o barras. Para hacer los nombres más fáciles de recordar, puede usar un formato de fecha, como AAAAMMDD, y/o incluir un número de versión.

6.4.4. Comprendiendo las Carpetas

Una carpeta es un contenedor para los datos escritos en el disco. Mientras que las unidades almacenan archivos, las carpetas se usan para organizar esos archivos creando áreas lógicas distintas con diferentes privilegios de seguridad. Las carpetas separan los archivos del sistema operativo (OS) y de aplicaciones de los datos del usuario. También organizan los datos de los usuarios pertenecientes a diferentes cuentas. En Windows, no hay límite en el número de carpetas dentro de carpetas (o subcarpetas) que se pueden crear.

6.4.5. Comprendiendo la Ruta de Archivos

Una ruta de archivo también se conoce como ruta de acceso. Es la ubicación precisa de un archivo, dispositivo, carpeta o página web en la computadora. Por ejemplo, C:\Windows\System32\ indica al usuario que la carpeta System32 está dentro de la carpeta Windows en la unidad C.

6.4.6. Conceptos Básicos de Archivos y Carpetas

En Windows, puede elegir entre estos comandos:

- Editar para crear un archivo o carpeta actualizado
- Guardar para preservar una copia del archivo o carpeta en el disco
- Cortar para colocar temporalmente un archivo o carpeta en el Portapapeles
- Desde allí, el archivo o carpeta puede copiarse o moverse a una nueva ubicación
- Copiar, similar al comando Cortar, también coloca un archivo o carpeta temporalmente en el Portapapeles. Desde allí, el archivo o

carpeta puede copiarse a una nueva ubicación

- Mover o reubicar para colocar un archivo o carpeta en una nueva ubicación

Extensiones de Archivos

Una extensión es la parte final del nombre del archivo que sigue a un punto. Por ejemplo, Carta.docx. La extensión ".docx" indica que el archivo "Carta" es un documento de MS Word. La extensión de archivo muestra el tipo de archivo y qué aplicaciones se pueden asociar con diferentes acciones, como Abrir, Editar e Imprimir. En este caso, la aplicación relacionada es MS Word. Se pueden investigar extensiones de archivo adicionales usando Internet.

Creación, Apertura y Guardado de Archivos

Para crear un archivo, haga clic derecho dentro de una carpeta o en el Escritorio, seleccione Nuevo y luego seleccione la aplicación que desea. Pero tendrá que nombrar el archivo para completar este breve proceso.

Abrir un archivo es igual de simple y rápido. Haga doble clic en él o haga clic derecho, seleccione Abrir con y elija la aplicación adecuada.

Al crear un archivo, deberá elegir dónde desea guardarlo (por ejemplo, el Escritorio). Para ello, seleccione Archivo y luego Guardar como. Elija la ubicación para el nuevo archivo. Una vez guardado el archivo en la ubicación correcta, simplemente seleccione el icono Guardar o Archivo y luego Guardar.

Lanzamiento de Programas

Para abrir o lanzar un programa, haga doble clic en el icono asociado. Otra opción es seleccionar el icono y presionar Enter.

Archivos y Carpetas Eliminados

Los elementos eliminados se mantienen en la Papelera de reciclaje y pueden recuperarse haciendo clic derecho sobre un elemento en la Papelera de reciclaje y seleccionando Restaurar. Normalmente, un archivo o carpeta no se puede recuperar si la Papelera de reciclaje ha sido vaciada o si presiona Shift + Suprimir al eliminar algo. No hay reciclaje para elementos en unidades flash o recursos compartidos de red (aunque un administrador de servidor podría recuperar archivos).

Selección de Múltiples Archivos y Carpetas

Para seleccionar varios archivos y carpetas, haga clic y arrastre el ratón para resaltarlos, presione la tecla Control y seleccione los elementos individualmente, o presione la tecla Shift y seleccione el primer y último archivo que desea afectar. Todos los archivos entre el primero y el último seleccionado quedarán resaltados.

Búsqueda de Carpetas y Archivos

Para encontrar carpetas y archivos, haga lo siguiente: haga clic derecho en el botón Inicio y escriba el nombre del elemento en el campo de búsqueda, o use Cortana para encontrar archivos, programas, aplicaciones, mensajes y páginas web coincidentes en su sistema. Alternativamente, puede usar el Explorador de Windows para buscar por nombre de archivo, contenido del archivo, fecha del archivo o tamaño seleccionando el icono de carpeta en la barra de tareas. El Explorador de Windows es una herramienta que puede usar para administrar sus archivos en OneDrive y en su PC.

Renombrar Archivos y Carpetas

Para renombrar un archivo o carpeta, haga clic derecho sobre él y seleccione Cambiar nombre. No cambie la extensión (a menos que sea intencional) ya que esto podría hacer que el archivo quede inservible.

Propiedades y Seguridad de Archivos y Carpetas

El cuadro de diálogo de propiedades de archivo tiene opciones para un archivo o carpeta. Para acceder a las propiedades de un archivo o carpeta, haga clic derecho sobre él y seleccione Propiedades. La ventana le dará información y control adicional sobre el archivo o carpeta. Por motivos de seguridad, los archivos y carpetas tienen atributos que pueden configurarse como solo lectura, sistema, oculto o archivo.

- Solo lectura permite ver un archivo o carpeta, pero no editarlo. El atributo de solo lectura evita que los cambios se guarden en el archivo. Se le pedirá crear otro archivo que contenga los datos modificados.
- El atributo de sistema especifica que el archivo no debe ser accesible para usuarios ordinarios. Un archivo de sistema de Windows es cualquier archivo con el atributo de sistema activado. Windows depende de los archivos de sistema para funcionar correctamente.
- El atributo oculto especifica si el archivo es visible en la vista predeterminada (aunque es posible ajustar Windows para mostrar archivos y carpetas ocultos).
- El atributo de archivo indica si un archivo ha sido modificado desde la última copia de seguridad.

Comprimir y Encriptar Elementos

La compresión (o “zipping”) ahorra espacio en disco al reducir el tamaño de un elemento. Para hacerlo, haga clic derecho sobre el archivo o carpeta, seleccione Enviar a, y luego Carpeta comprimida (zip). Se creará una nueva carpeta comprimida con el mismo nombre en la misma ubicación.

Puede usar la encriptación en archivos y carpetas por motivos de seguridad.

Haga clic derecho en la carpeta o archivo que desea encriptar y seleccione Propiedades. Seleccione Avanzado. Bajo Atributos de Comprimir o Encriptar, marque la casilla Encriptar contenido para proteger los datos. Luego haga clic en Aceptar y después en Aplicar.

Configuración de Permisos

Configurar permisos es otra forma de controlar lo que se puede hacer con un archivo o carpeta. Para cambiar estos permisos, haga clic derecho en cualquier archivo o carpeta y seleccione Propiedades. Luego, cambie a la pestaña Seguridad y haga su selección.

6.5. Capturas de Pantalla y Herramientas

Después de estudiar esta sección, podrá:

- Describir tres comandos de teclado que puede usar para crear capturas de pantalla en un equipo MacOS,
- Identificar tres comandos de teclado que puede usar para crear capturas de pantalla en un equipo Windows 10,
- Nombrar dos comandos de teclado usados para capturar pantallas en un Chromebook.

6.5.1. Capturas de Pantalla en MacOS

Existen tres formas de capturar la pantalla en un equipo MacOS:

- Command más Shift más 3
- Command más Shift más 4
- Command más Shift más 5

Además,

- Para capturar toda la pantalla, seleccione Command más Shift más 3

- Para capturar solo una parte de la pantalla, seleccione Command más Shift más 4

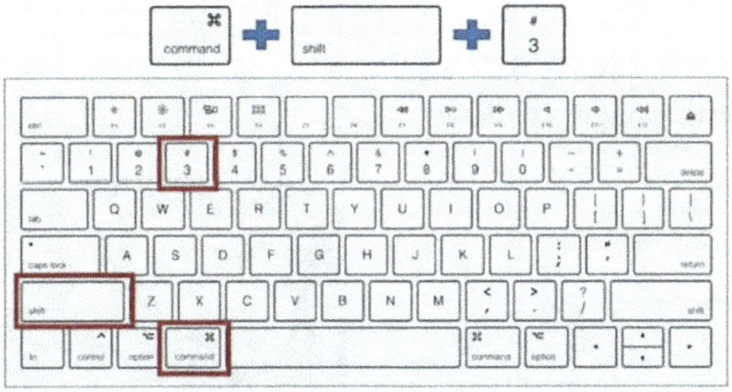

Figura 6.1: Una de las formas de capturar la pantalla usando el teclado de MacOS

También necesitarás aplicar un movimiento de arrastrar y soltar una vez que hayas incluido la porción de pantalla que deseas capturar. Ten en cuenta que estas dos primeras opciones de captura de pantalla guardan automáticamente las imágenes en formato PNG en la carpeta del escritorio.

Las opciones y capacidades para Comando más Shift más 4 incluyen lo siguiente:

- Para crear una captura de pantalla con un borde blanco alrededor de la ventana y un ligero efecto de sombra, presiona y suelta la barra espaciadora y luego suelta el mouse o trackpad.
- Para ajustar la ubicación del área de captura de pantalla, mantén presionada la barra espaciadora y arrastra el área de captura a donde se necesite.
- Luego, suelta el mouse o trackpad cuando el área de captura de pantalla esté en la ubicación correcta.

Para ajustar el borde inferior de la captura, mantén presionada la tecla Shift mientras mueves el borde inferior hasta la ubicación deseada. Luego suelta el mouse o trackpad.

Para capturar parte de una pantalla o toda la pantalla como foto o video, selecciona Comando más Shift más 5. Las opciones que se muestran te permiten seleccionar toda la pantalla, una ventana o una parte de la pantalla, y capturarla como imagen o video.

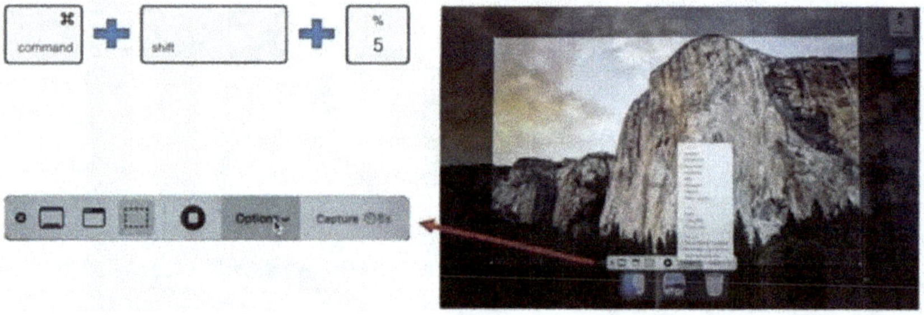

Figura 6.2: Cómo capturar parte de una pantalla o toda la pantalla como foto o video en MacOS

Después de grabar, selecciona la ubicación para guardar tu captura de imagen o video.

6.5.2. Capturas de pantalla en Windows

Microsoft Windows 10 ofrece las siguientes capacidades de captura de pantalla. Para capturar toda la pantalla, selecciona la tecla de Windows más la tecla Imprimir Pantalla. La tecla de Windows puede tener el logotipo de Windows o decir "Win", abreviatura de "Windows". Después de usar este atajo de teclado, Windows guarda automáticamente la imagen en formato PNG en la carpeta Imágenes/Capturas de pantalla.

Figura 6.3: Cómo capturar toda la pantalla en Windows

Para capturar solo la ventana activa, seleccione Alt más Imprimir Pantalla. La captura de pantalla se guarda en el portapapeles. A continuación, abra un editor de imágenes para ver y guardar la imagen. El formato de imagen predeterminado es PNG.

Para más opciones de captura de pantalla, seleccione la Tecla de Windows más Shift más S. Este atajo de teclado abre la herramienta Recorte y Anotación (Snip & Sketch). Las opciones que se muestran permiten seleccionar toda la pantalla, una parte de la pantalla o la ventana activa.

6.6. Introducción a la Solución de Problemas

Después de estudiar esta sección, usted podrá:

- Describir conceptos básicos de soporte informático
- Describir procedimientos de solución de problemas
- Aprovechar las fuentes de soporte
- Resumir el Modelo de Solución de Problemas de CompTIA

6.6.1. Tres Conceptos Básicos de Soporte Informático

El soporte informático eficaz implica tres conceptos básicos:

- determinar el problema,
- examinar el problema, y
- resolver el problema.

Determinando el Problema

Es difícil arreglar algo si no sabe qué está mal. Por lo tanto, primero necesita determinar el problema.

- Haga preguntas a los usuarios y descubra si el hardware o software ha sido modificado de alguna manera.
- A continuación, intente reproducir el problema y anote los síntomas.
- Si hay más de un problema, debe abordar cada problema por separado.
- No se deje abrumar ni se desvíe del objetivo.
- Haga todo lo posible por recopilar información sobre el problema reportado, incluidos los síntomas comunes.

Examinando el Problema

Una vez que haya determinado el problema, examínelo más de cerca. Cuanto mejor entienda el problema, más fácil será elegir la mejor solución. Aquí hay algunos consejos para examinar el problema:

- Considere las explicaciones más simples, como configuraciones incorrectas o incluso el uso incorrecto del hardware o software. Por ejemplo, la fuente del problema puede ser tan simple como que el cable de alimentación esté desconectado.
- Considere todas las posibles causas del problema y abórdelas una por una.
- Intente diferentes métodos de solución de problemas hasta encontrar uno que funcione.

- Una vez que tenga una teoría, pruébela.
- Si es necesario, escale el problema (lleve el problema a un soporte de nivel superior o a otro departamento).

Resolviendo el Problema

Ahora que está más familiarizado con el problema, puede resolverlo. En esta etapa, usted debe:

- Crear un plan para abordar el problema y documentar el proceso para llevarlo a cabo.
- La documentación le ayudará a seguir los pasos que realiza y evaluar su eficacia.
- Una vez que haya decidido si resolverá el problema mediante reparación, reemplazo o ambos, ejecute la solución. Deje que su documentación lo guíe para no repetir pasos.
- Registre cada paso que realice e incluya los resultados que produce.
- Después de haber ejecutado su solución, confirme que el sistema funciona completamente.
- Finalmente, actualice su documentación.

Solución de Problemas

La solución de problemas es un enfoque sistemático para resolver inconvenientes que se utiliza con frecuencia para encontrar y corregir problemas en las computadoras.

Pasos para la Solución de Problemas

Siga estos 10 pasos en su proceso de solución de problemas:

1. Recopilar información sobre el problema
2. Identificar cualquier comportamiento no deseado o la falta de

funcionalidad esperada
3. Duplicar el problema
4. Clasificar el problema (triage)
5. Identificar los síntomas
6. Investigar en una base de conocimientos en línea
7. Establecer un plan de acción
8. Evaluar una teoría y posibles soluciones
9. Implementar la solución
10. Verificar la funcionalidad del sistema

Restaurando la Funcionalidad

Para restaurar la funcionalidad, revise lo siguiente:

- Verifique señales de actividad, como LEDs, la luz de encendido y los sonidos típicos que hace la computadora al funcionar.
- Investigue la causa de dos o más pitidos. Este paso requiere el uso de Internet.
- Verifique los controles y la energía del monitor si la pantalla está oscura.
- Revise las conexiones de los dispositivos periféricos.

6.6.2. Problemas comunes en la PC

Muchos problemas ocurren regularmente en una computadora personal. Algunos ejemplos incluyen los siguientes:

- Cables o conexiones sueltas
- Problemas de energía
- Daños físicos
- Problemas de arranque a nivel de BIOS o durante la Prueba de Encendido del Sistema (POST, por sus siglas en inglés). POST es un programa que se ejecuta al iniciar y verifica que todo lo necesario para

que la computadora arranque correctamente esté presente.

- Pantalla azul/negra
- Problemas del sistema operativo (SO)
- Errores de software

Afortunadamente, muchos de estos problemas tienen soluciones simples que puedes implementar rápidamente.

Soporte en Internet

Si necesitas apoyo adicional, considera consultar en Internet. Un motor de búsqueda como Google, Bing o DuckDuckGo puede ser una herramienta invaluable en tu kit de soporte técnico. También puedes buscar soporte en línea como descargas de controladores, así como comunidades de soporte técnico. Con frecuencia, también está disponible en línea la documentación proporcionada por el fabricante.

Soporte técnico del fabricante

Si no encuentras la ayuda que necesitas en línea, considera contactar el soporte técnico del fabricante. A menudo, la información de contacto se encuentra en el manual de la computadora. Antes de contactar al soporte, asegúrate de tener toda la documentación de la máquina. Es probable que te pidan proporcionar:

- El nombre del hardware o software que está presentando el problema
- El modelo del dispositivo y número de serie
- La fecha de compra, y
- Una explicación del problema

6.6.3. Modelo de resolución de problemas de CompTIA

El modelo estándar de la industria para la resolución de problemas proviene de la Asociación de la Industria de Tecnología Informática (CompTIA).

Pasos del modelo CompTIA

El modelo de CompTIA incluye los siguientes 8 pasos:

1. Identificar el problema. En este paso, reúnes información; reproduces el problema, si es posible; entrevistas a los usuarios; identificas síntomas; determinas si algo ha cambiado; y abordas múltiples problemas de manera individual.
2. Investigar en la base de conocimientos o en Internet, si aplica.
3. Establecer una teoría de causa probable. En este paso, cuestionas lo obvio, consideras múltiples enfoques y aplicas el método de dividir y conquistar.
4. Probar la teoría para determinar la causa. Una vez confirmada la teoría, determinas los siguientes pasos para resolver el problema. Si la teoría no se confirma, estableces una nueva teoría o escalas el problema.
5. Establecer un plan de acción para resolver el problema e identificar los efectos potenciales.
6. Implementar la solución o escalar según sea necesario.
7. Verificar la funcionalidad completa del sistema y, si aplica, implementar medidas preventivas.
8. Finalmente, documentar hallazgos o lecciones aprendidas, así como acciones y resultados.

6.7. Introducción a los principios de continuidad del negocio

Después de estudiar esta sección, podrás:

- Describir la importancia de la continuidad del negocio
- Evaluar un sistema tolerante a fallas
- Explicar la importancia de los planes de recuperación ante desastres

6.7.1. Continuidad del negocio: Tolerancia a fallas, Redundancia, Respaldo y Recuperación

En el mundo actual, dependiente de la tecnología, debes comprender algunas estrategias básicas de gestión de riesgos para afrontar interrupciones y así minimizar problemas de productividad. Ahí es donde entra en juego lo que se conoce como continuidad del negocio.

La continuidad del negocio consiste en tener un plan para enfrentar situaciones difíciles, de manera que una organización pueda seguir funcionando con la menor interrupción posible. Ya sea una empresa o una organización benéfica, todas deben saber cómo continuar bajo cualquier circunstancia.

Tolerancia a fallas

La continuidad del negocio se basa en la tolerancia a fallas. Esto es la capacidad de un sistema de seguir operando sin interrupción cuando uno o más de sus componentes fallan.

La tolerancia a fallas anticipa interrupciones y desarrolla planes de contingencia. Diseña sistemas sin puntos únicos de falla. Así, si una parte de un sistema se cae, no arrastra todo el sistema consigo.

Redundancia

El costo de una caída del sistema es una consideración crucial en un plan de continuidad del negocio. También lo es contar con una estrategia para minimizar los efectos de las caídas del sistema. A esto se le conoce como redundancia. Las categorías amplias de redundancia incluyen: sistema, red y hardware.

- La redundancia del sistema incrementa los niveles de tolerancia a fallas del sistema existente.

- La redundancia de red permite que los datos se redirijan por un camino alternativo hasta que todos los sistemas estén funcionales.
- La redundancia de hardware sirve como solución cuando un servidor queda inhabilitado.

La redundancia (o replicación) se refiere a la capacidad adicional de una red informática más allá de lo necesario para la operación normal, en caso de una caída u otra interrupción de la operación. Piénsalo como una red de seguridad frente a la casi inevitable falla de un sistema o componente. Es tener un sistema de respaldo listo para usarse.

Existen 5 tipos comunes de redundancia:

1. Redundancia de datos

Este tipo de redundancia se implementa mediante copias de seguridad. Ocurre cuando la misma pieza de información existe en varios lugares. Desafortunadamente, la redundancia de datos puede causar inconsistencia de datos, lo que puede proporcionar a una empresa información poco confiable y/o sin sentido. Un ejemplo de esto es tener múltiples versiones del mismo archivo en una red. Por ello, la sincronización en tiempo real de los datos en todas las copias es vital para mantener consistencia.

2. Redundancia de Matriz Redundante de Discos Independientes (RAID)

Este tipo de redundancia tiene tres variantes y proporciona redundancia de hardware en servidores.

- RAID 0 permite que un sistema de almacenamiento tolere fallas de unidades de disco individuales, ya que los datos se escriben simultáneamente en más de un disco.
- En un sistema RAID 1, existe una copia exacta (o espejo) de un conjunto de datos en dos o más discos.
- En un grupo RAID 5, hay un mínimo de tres discos duros (HDDs) y sin

máximo. RAID 5 es considerado una de las configuraciones RAID más seguras.

3. Redundancia de red

Es el proceso de añadir dispositivos de red adicionales y líneas de comunicación para garantizar la disponibilidad de la red y reducir el riesgo de fallas. Algunas características de la redundancia de red incluyen:

- Múltiples tarjetas adaptadoras y/o puertos para hosts individuales.
- Balanceo de carga, en el cual una solución de red distribuye el tráfico entre múltiples servidores en una granja de servidores.
- Existen múltiples rutas de red entre nodos, y los routers pueden detectar enlaces fallidos y elegir redirigir los datos por rutas alternativas.

4. Redundancia de sitio

Es la capacidad de perder un sitio completo sin perder el estado de señalización o de aplicaciones. Protege contra la pérdida total de operaciones debido a un desastre natural o una falla mayor de red. Este tipo de redundancia emplea el proceso de replicación para sincronizar datos entre múltiples sitios y garantizar el acceso a los datos.

5. Redundancia de energía

Consiste en tener dos fuentes de energía independientes. Si una fuente de energía se interrumpe, la otra entra en acción. Esto elimina el tiempo de inactividad por pérdida de la fuente principal de energía. Una forma de reforzar un esquema de redundancia de energía es usar una Fuente de Poder Ininterrumpida (UPS, por sus siglas en inglés). Un UPS agrega una capa de protección cuando algo tan costoso como un generador de energía de respaldo no es factible.

Requisitos de respaldo

El propósito de las copias de seguridad es:

- Crear una copia de los datos de la cual una empresa pueda restaurar cuando la copia principal esté dañada o no disponible.
- Tener una estrategia específica y secuencial de respaldos que identifique las principales preocupaciones de respaldo y seleccione los tipos apropiados de respaldo según las necesidades y los recursos.

Métodos de respaldo (Backup Methods)

Los respaldos restauran datos. Los métodos de respaldo incluyen lo siguiente:

- **Completo (Full):** crea copias de todos los archivos.
- **Incremental (Incremental):** copia solo aquellos archivos que se han modificado desde el último respaldo completo.
- **Diferencial (Differential):** guarda únicamente la diferencia de los datos desde el último respaldo completo.
- **Diario (Daily):** mantiene una copia de seguridad de solo aquellos archivos que se modificaron el mismo día en que se realizó el respaldo.

Dispositivos de almacenamiento de respaldo

Un dispositivo de almacenamiento de respaldo se utiliza para hacer copias de datos que están en uso activo. Los medios de respaldo proporcionan redundancia de los datos que residen en el almacenamiento primario. Si el medio de almacenamiento principal, como un disco duro (HDD), falla o se corrompe, los datos originales pueden recuperarse a partir de las copias en el hardware de respaldo.

Ejemplos de dispositivos de respaldo incluyen una memoria USB, un disco duro externo, una red de área local (LAN) y cintas magnéticas.

Consideraciones de respaldo

Una estrategia de respaldo debe equilibrar estas consideraciones:

- **Costos:** puede que tengas que comprar hardware y software, pagar un contrato de mantenimiento y capacitar a tu personal.
- **Ubicación:** muchas empresas hacen respaldos en la nube. Pero considera también mantener una copia de tus datos en una ubicación adicional. Las interrupciones de la nube sí ocurren.

Las empresas necesitan conocer los requisitos de cada enfoque de respaldo en términos de almacenamiento, costo y tiempo. Estos factores afectan la duración del procedimiento de respaldo y la recuperación.

Plan de recuperación ante desastres

La recuperación ante desastres es la estrategia de una organización para restaurar la funcionalidad de su infraestructura de TI. Este plan debe explicar las acciones a tomar después de un desastre. Involucra estrategias para escenarios específicos a fin de garantizar la continuidad. Una recuperación rápida depende de planes que sean específicos, creativos y completos.

La elección de los métodos de recuperación ante desastres depende de las necesidades y recursos.

6.8. Cuestionario de práctica 5

1. Estás colaborando con un usuario que quiere una estación de trabajo diferente. Evaluar los requisitos de la estación de trabajo del usuario implica qué consideraciones. Selecciona todas las que correspondan:

A. Preguntar al usuario sobre los lugares de trabajo.

B. Las preferencias de marca del usuario.
C. Preguntar al usuario sobre las adaptaciones ergonómicas.
D. Preguntar al usuario cuántos periféricos utiliza.

2. Estás asistiendo a un usuario con muchos cables sueltos en su estación de trabajo. Una buena gestión de cables incluye:

A. Recolectar y amarrar los cables juntos.
B. Usar la menor cantidad de dispositivos con cables posible.
C. Usar únicamente dispositivos inalámbricos.
D. Uso del Administrador de dispositivos.

3. Imagina que estás asistiendo a un usuario que utiliza una nueva versión de Windows. Mostrarle al usuario cómo ejecutar Windows Update es una buena idea porque:

A. Ejecutar Windows Update ajusta la configuración de seguridad de los navegadores.
B. Ejecutar Windows Update elimina archivos de la Papelera de reciclaje.
C. Ejecutar Windows Update es parte de la configuración del sistema operativo.
D. A y B.

4. ¿Qué atajo de teclado permite capturar toda la pantalla en una computadora con macOS?

A. Command + Shift + 3
B. Command + Shift + 4
C. Command + Shift + 5
D. Command + Shift + 6

5. Usando Microsoft Windows 10, ¿cómo capturarías parte de una pantalla utilizando el teclado?

A. Presiona la tecla **Prt Scr**
B. Presiona la tecla de Windows y la tecla Shift simultáneamente para abrir la herramienta Recorte y anotación (Snip & Sketch)
C. Presiona simultáneamente las teclas **Ctrl**, **Alt** y **Prt Scr**
D. Presiona la tecla **Prt**

6.8.1. Respuestas al cuestionario de práctica 5

1. A
2. A
3. C
4. A
5. B

7. Felicitaciones y próximos pasos

¡Felicidades! Ahora has completado con éxito esta *Guía de introducción al hardware y a los sistemas operativos*. Espero que la hayas disfrutado y que encuentres gran satisfacción al usar tus nuevas habilidades en el lugar de trabajo y en otros ámbitos.

Para continuar tu aprendizaje más allá de este curso, considera adquirir las siguientes guías relacionadas escritas por el mismo autor. Están disponibles en todos los principales minoristas de libros en línea:

1. Preguntas y Respuestas de Entrevistas en Ciberseguridad: Domina preguntas reales de entrevistas de empresas tecnológicas líderes como Amazon, Google, Facebook y Microsoft:

https://www.amazon.com/dp/B0FJ8GHBT3

2. Desarrollo Web de Principiante a Profesional con Paga, Volumen 1: Construye tu portafolio mientras aprendes HTML5, CSS y JavaScript paso a paso con apoyo:

https://www.amazon.com/dp/B0BGN6828N

3. Aspectos escenciales de la Biología celular y molecular: Una guía comprensiva para las estructuras celulares, funciones y mecanismos moleculares

https://www.amazon.com/dp/B0F537LJXV

4. Biología Celular y Molecular Avanzada: Una inmersión profunda en la investigación de vanguardia, técnicas moleculares y fronteras emergentes en la ciencia celular

https://www.amazon.com/dp/B0F3C37VT3

5. Biología Celular y Molecular Esencial: Una Guía Completa de las Estructuras Celulares, Funciones y Mecanismos Moleculares

https://www.amazon.com/dp/B0DZHLJ1F9

6. Desarrollo Web de Principiante a Profesional con Paga, Volumen 2: Construye tu portafolio mientras aprendes HTML5, CSS y JavaScript paso a paso con apoyo

https://www.amazon.com/dp/B0BSJLSZ1P

7. Introducción a los Algoritmos y las Estructuras de Datos, Volúmenes 1, 2 y 3: Una base sólida para el mundo real del aprendizaje de máquinas y la estructura de datos

https://www.amazon.com/dp/B0CH67RFT4

8. Autopublicar desde principiante a Profesional pagado: Uno hoja de ruta clara para quienes aspiran a autores independientes

https://www.amazon.com/dp/B0CNP157NX

9. Como vender libros usados en Amazon: Aprende como Generar más de $10K dólares mensualmente Surtiendo libros usados baratos en línea y Vendiendo en Amazon sin mercadotecnia

https://www.amazon.com/dp/B0CSB5QQKJ

10. Biología Molecular y Celular: Una guía introductoria para aprender Biología Celular y Molecular

https://www.amazon.com/dp/B0CWY235G8

8. Pruebas de evaluación y soluciones

Aquí tienes el enlace que puedes usar para descargar tus pruebas de evaluación y sus soluciones. También encontrarás otros recursos de capacitación, como capturas de pantalla utilizadas en esta guía:

https://ln5.sync.com/dl/649f4d8a0#h3y3bt8a-g8c9d2vj-ty7mn2dg-sg9v6gpz

De manera alternativa, puedes usar este enlace corto de BIT.LY:

http://bit.ly/41V04GW

Si tienes preguntas, comentarios o sugerencias para mí, o si simplemente quieres compartir tus resultados conmigo, usa mi dirección de correo electrónico que aparece a continuación.

Saludos,

Bolakale Aremu (CEO)
AB Publisher LLC
Página del Autor: https://amazon.com/author/bolakalearemu
Correo electrónico del autor: ABPublisherLLC@gmail.com

Hardware y Sistemas Operativos

Guía Práctica para Adquirir Habilidades Laborales en Tecnología de la Información

AB Publisher LLC

ISBN: 9798262194636

Publicado en los Estados Unidos

www.ingramcontent.com/pod-product-compliance
Lightning Source LLC
LaVergne TN
LVHW082033051026
849532LV00011B/3346